गली

श्री आनंदकंद दयालु भगवान

गली हमारे सद्‌गुरु श्री श्री आनंदकंद दयालु भगवान जी की कलम का वह पुष्प है, जो उनकी बगिया में आध्यात्म के सिंचन को सुभाषित करता है।

इस तत्वज्ञ ज्ञान की किरण को सद्‌गुरु देव बड़े भगवान् के श्री चरणों में समर्पित करते हैं। जो लोक कल्याण में सामजिक सन्मार्ग की ही गली है, जो लोक से परलोक को जोड़ती है।

क्रम-सूची

प्रस्तावना vii

आमुख ix

पावती (स्वीकृति) xi

आत्मनिवेदन xiii

पुण्यार्जक संदेश xv

उद्‌गार xvii

भूमिका xxi

जीवनी xxvii

खण्ड 1

1. अध्याय 1 3
2. प्रकाशित/अप्रकाशित साहित्य 71

धन्यवाद् 73

प्रस्तावना

स्मृतिपुष्प

मानव जीवन की सफलता का प्रथम सोपान यहीं से शुरु हो जाता है कि जब उसे किसी सन्त पुरुष की सायास एवं अनायास सन्निधि प्राप्त होती है । गोस्वामी तुलसीदास जी महाराज ने श्रीरामचरितमानस में "**प्रथम भगति संतन कर संगा**" कहकर नवधा भक्ति में सबसे पहले सन्त का स्मरण किया है।

भक्त हनुमान और श्रीराम मिलन प्रसङ्ग में कहा गया है कि "**साधु ते होय न कारज हानी**" मुझे दाम्पत्य जीवन के कर्त्तव्यों का निर्वहन करते हुए सन्त श्रीआनन्द कन्द दयालु भगवान के पावन चरणों की सेवा का सुअवसर प्राप्त हुआ ।

इस गली नामक ग्रन्थ के प्रकाशन अवसर पर मेरी वह स्मृति जागृत हो आनन्द दायिनी बन मेरे मानस पटल को आह्लादित कर रही है जिसमें उन स्मृति के पल समाहित हैं कि भगवान् जी के अपने मुखारविन्द से शब्दों के मोती बिखेरते जाते थे और मैं कलम से उन मोतियों को समेटकर गली नामक गुलदस्ता को तैयार करने की भूमिका में रही ।

भगवान जी की पावन स्मृति को सादर नमन ......

"*श्रीमती शारदा वेद प्रकाश पाठक*"

आमुख

प्रविस नगर कीजे सब काजा।

हृदय राखि कोसलपुर राजा॥

‘नाथ कहिअ हमकेहि मग जाही’

पावती (स्वीकृति)

एहि बिधि सररचिमुनिश्वरभंगा I
बैठे ह्रदय छाड़ि सब संगा II

आत्मनिवेदन

पुस्तक ज्ञान का भंडार है, जो प्रकाशित करती है जीवन के मार्ग को यह वह कालजई सूर्य है जो युगों तक मानव मात्र के लिए प्रकृति का अनुपम भाव बना कर आनंदित किए चली जाती है जिसे जीवन के आनंद का स्रोत भी कहा जाता है प्राणी जीवन प्राप्त करने के साथ जीवंत भी होना चाहता है जिसकी पिपासा को केवल ज्ञान ही शांत कर सकता है और ज्ञान का बोध गुरु के अनुभव से होता है भारतीय परंपरा में यह सदियों से देखा गया है कि हमारे ऋषि यों ने वैज्ञानिक अनुभवों को जो ज्ञान की आधारशिला पर समलंकृत है उसे पुस्तक का रूप दिया है इसलिए वेद भी अपौरुषेय होने के बाद हमें पुस्तक के रूप में मिल गए श्रुति परंपरा के पश्चात समय के साथ यह अनेक किरणों में प्रकाशित हो चले जिसे भारतीय साहित्य का सिरमौर्य मान लिया हम उसी सनातनी व्यवस्था में अपने सद्‌गुरु श्री श्री आनंदकंद दयालु भगवान की सृजन शक्ति को वाणी प्रसाद के रूप में ग्रहण करते हैं जो नित्य सत्संग के रूप में हम साकेत धाम परिवार के परिकरों को प्राप्त होता रहा जिसे हमारी माता श्रीमती शारदा पाठक जी ने संग्रहित किया जो देवी रूप से मेरे जीवन में सद्‌गुरु कृपा की कढ़ी बनी आज वर्षों पश्चात हमें यह सौभाग्य प्राप्त हुआ है कि हम आप सभी के मध्य इस श्रंखला की प्रथम कड़ी गुरु पूर्णिमा के पावन पर्व पर प्रकाशित कर रहे हैं जिसके नाम में ही चलायमान जीवन का मार्ग प्रशस्त हो रहा है वह है गली-गली अर्थात मार्ग या रास्ते का वह भाग जो गांव गांव में शहर शहर में बहुत शकरें रूप से विद्‌यमान हैं भले ही कितने बड़े राजमार्ग आज वर्तमान में बन गए हो परंतु दैनिक जीवन जो गलियों से प्रारंभ होता है वह बनारस की शकरी गलियां ज्ञान प्राप्ति का मार्ग बन गई मुख्य रूप से बात यह है कि जब हम ज्ञान की तलाश में अपने आपको गुरु के सानिध्य में तपा रहे थे उसी समय यह गलियां क्या कह गई क्या जता गई यह हमें द्‌वादश वर्ष वाराणसी अध्ययन के पश्चात आज बोध करा रही हैं शंकरी और शंकर के बीच का भान जो गली प्रधान है समाज को एक नए परिपेक्ष में आध्यात्मिक मार्ग

का तान छेड़ रही है तो आइए इस गली नामक मधुर तान के शाब्दिक आनंद को अनुभूत करें।।

गलि ढूंढत जीवन गया गली मिली नहीं कोई
शिवलिंग जब पलट लखी गली दयालु सोय ।।

"श्री महंत श्री श्री भगवान वेदांताचार्य रसिक
४-स्वर्ण पदक प्राप्त
काशी हिन्दू विश्वविद्यालय वाराणसी"

पुण्यार्जक संदेश

अर्थ पूर्ण जीवन की आस लिये मानव ज्ञान से विमुख हो जाता है इसलिए जो प्राप्त करता है उसका उपयोग नहीं कर पाता जीवन के अन्यतम क्षणों में हम ईश्वर के निकट पहुंचने का जो मार्ग खोज रहे हैं वह गली से होकर गुजरता है ऐसा वाराणसी की गलियों को देख अनेक बार मन में गुंजायमान हुआ आज सर्व समर्थ के इस किताब को पढ़कर जिसे हम सभी आनंदकंद दयालु भगवान के रूप में जानते हैं से अभिभूत हूं और आप सभी के लिए सुरथ योग का तंत्र मार्ग प्रशस्त करते हैं जो वैदिक विधान के अंतर्गत ही है मैं सहायक हूं जो साकेत धाम के विकास में अनुमोदित हो ....

"पं. पुरषोतम शास्त्री काशी"

उद्गार

उद्गार

संसार को अपने दोनों किनारों में बसाने वाली और संसार से अनन्त अविनाशी को सहज ही मिलाने वाली गली के पथिक मनु-शतरूपा का यह पथ बहुत ही सुन्दर है । अर्थात् गली बहुत सुन्दर है। जिस पथ पर दो लोग गये वहाँ पथ एक ही रहा, किन्तु पथिक दो भक्तिमय दम्पती अद्वितीय हैं । साकेत धाम, दमोह को अपनी परम तपश्चर्या से पावनकर्त्ता श्रीदयालु भगवान द्वारा प्रणीत "गली" ऐसा दिव्य ग्रन्थ रत्न है जिसकी छाप अनायास ही पाठक के हृदय में उतर जाती है।

इस ग्रन्थ में वेदान्त के अद्भुत् ज्ञान का वर्णन प्राप्त होता है। "गली" नामक इस ग्रन्थ में वेदान्ततत्त्व की अद्भुत् लीला का वर्णन किया है । काशी नगरी गलियों का शहर है काशी में श्रीकाशीविश्वनाथ कण-कण में विराजमान हैं, भगवान श्रीकाशीविश्वनाथ को पाने के लिए गली में ही जाना होगा, वे तो गली-गली में ही विराजमान हैं। एक अवैयाकरणिक किन्तु भावपूर्ण उस दिव्यात्मा के वचन को उद्धृत कर रहा हूँ । "यदि गली शब्द को उलट दिया जाए तो लीग होगा वही लीग अनुस्वार के संयोग से लिंग हो जाता है अर्थात् शिवलिंग"।

इस वाक्य को समझने में जो श्रम किया उसका सार यही निकला कि –

सन्त की वाणी अटपटी, झटपट लखे न कोय ।
जब मन की खटपट मिटे, सरपट दर्शन होय ॥

अनादि काल से अनन्त जीव अनेक गली मार्ग से होते हुए "**चक्रभ्रमवद्धृतशरीरः**" की भाँति चक्कर काट रहे हैं । किस प्रकार जीव को अपना सही मार्ग मिलेगा अच्छा मार्गदर्शक कैसे मिलेगा ? यह उत्तर भगवद्प्रेरणा एवं ईश्वरप्रणिधानाद्वा अर्थात् भक्तिविशेष से ही सम्भव है।

भगवान शिव को भक्त योगी अथवा महादेव के रूप में जानते हैं उनके प्रति भक्तों को यह भी विश्वास है कि **"भावी मेटि सकहिं त्रिपुरारी"** संसार से मुक्ति प्रदाता के रूप में प्रसिद्ध भगवान शिव के स्वरूप भिज्ञ ऐसे ही परिकल्पनाओं में गोते लगाते हुए आनन्दित रहते हैं उनके दो और विशाल और महान पक्ष हैं एक तो असुर संहारक है और दूसरा उनका प्रेम है। भगवान शिव जैसा प्रेमी ब्रह्माण्ड में शायद ही मिले। भगवान शिव प्रेम में इतने निमग्न हुए कि सती के पार्थिव देह को लेकर पूरे आर्यावर्त में भ्रमण कर दिया। सती के अङ्ग प्रत्यङ्ग चौसठ स्थानों पर अपनी दिव्य आभा के साथ धरती पर समा गये । आज वे संसारी जनों के मुक्ति की गली हो गयी हैं । संसार में प्रेम रस के रसिक राधा और कृष्ण के प्रेम को ही सर्वोत्कृष्ट मानते हैं, किन्तु उन दोनों के प्रेम के वशीभूत भगवान शिव भगवती पार्वती का रूप धारण कर रासलीला देखने वृन्दावन पहुँच गये । वह स्थान आज गोपेश्वर महादेव के नाम से प्रसिद्ध है, वहीं पर एक गली है जिसका नाम प्रेम गली है । वह गली भी भक्त के लिए मुक्तिदात्री है।

उस प्रेम गली से होकर निधिवन की कुंज गलियों में पहुँचा जाता है ।जहाँ नित्य ही श्रीराधा और श्रीकृष्ण का नित्य रास रहता है। भगवद्प्राप्ति के लिए अनन्त गलियाँ है जिनमें गुरु के बिन चलने पर कहीं भी, कभी भी भटकने का भय रहता है । अतः गुरु के द्वारा बताई गई एक गली उस अनन्त के शरण में पहुँचा देती है। हमें वह गली गुरुमन्त्र द्वारा ही इष्ट है। प्रत्येक सम्प्रदाय में धर्म स्नातक होते हैं पर धर्म ग्रन्थ एक ही होता है। आज के समय में मनुष्य अपना पथ अपनी गली भूल गया है आवश्यकता है पथिक ज्ञाता यदि पथिक पथ गली को खोज रहा है तो यह पथ अनादि है जिस पर अनेक युग युगान्तर से अनेक साधक पथिक होकर चलते चले आ रहे हैं और चलते रहेंगे पर अपनी गली ढूँढते रहेंगे कब प्राप्त होगा पथिक को अपना सही पथ, अपनी सही गली ।जब तक की कोई गली में गया हुआ व्यक्ति गली का ज्ञाता सहज भाव से गली थाम कर गली में चला न दे ।

यह "गली" नामक ग्रन्थ सुधी पाठकों को सन्मार्ग दाता सिद्ध हो तथा अनन्त कोटि वैष्णव जीव इस गलियारे से अनन्त को प्राप्त कर

सके इन्हीं शुभकामनाओं सहित ....

"डॉ.अनूप कुमार मिश्र
सहायक प्राध्यापक एवं विभागाध्यक्ष
योगविज्ञान विभाग - एकलव्य विश्वविद्यालय
दमोह (म. प्र.)"

भूमिका

खुसरो रैन सुहाग की, जागी पीके संग।।

मन मेरो तन पीउ को, दोउ भये इक रंग।।

मेरे तो गिरधर गोपाल दूसरो न कोई

एकात्म, एकाग्र, एकांग एवं एकरूप ही प्रेम की परिलक्षित प्रतिमूर्ति हैं। प्रेम अर्थात संपूर्णता, प्रेम अर्थात समर्पण, प्रेम अर्थात त्याग फिर भी समय चक्र के फेर में कब किसी ज्ञानी ने यह कहा और कब से यह माना जाने लगा कि प्रेम में मन 'बावरा' हो जाता है। ध्यान देने की बात यह है कि जग मुआ प्रार्थना करता है बुद्धिमान होने की और प्रेम में बावरा होने को व्याकुल रहता हैं। लिखने में तो प्रेम ढाई अक्षरों में सीमित हो जाता है लेकिन उतना ही रहस्यमय और अबूझ, आधुनिक, वैज्ञानिक और मनोवैज्ञानिकों का मानना है कि प्रेम भी अन्य क्रियाओं की तरह की जाने वाली एक सामान्य क्रिया है और एक ऐसा रसायन है जो दिमाग से प्रारंभ होकर हृदय पर लगभग नियंत्रण कर लेता है, तो परंपरावादी लोग कहते हैं प्रेम किया नहीं जाता हो जाता है।

अतः प्रेम के अनेकानेक रूप हैं प्रेम किसी सीमा में नहीं बंधता इसलिए अपने में यह आकाश जैसी निस्सीमता और सागर सी गहराई समेटे हुए होता है प्रेम चाहे अलौकिक (दुष्यंत शकुंतला) का हो या अलौकिक (राधा कृष्ण) का हो इस अमोघ बाण से कोई हृदय नहीं बच पाया। प्रेम अद्वैत से द्वैत की यात्रा है अर्थात इसकी सार्थकता युग्म में है प्रकृति की व्यवस्था में अनादिकाल से यह व्यवस्था चली आ रही है। निर्गुण, निरंजन, निष्फल परम ब्रह्म को भी अपना एकांत नहीं भाता होगा अतः अपने उस एकांत से ऊबकर ही अपनी माया को सहचरी बनाकर सृष्टि प्रारंभ की और एक से दो होकर सगुण, सकल तथा युगल बन गया। संस्कृत में भी युग्म सौंदर्य का बहुत महत्व है। युग्म का इतिहास उतना ही प्राचीन है, जितनी प्राचीन पंच भौतिकी सृष्टि है। उपनिषदों में इसका अत्यंत रोचक वर्णन मिलता है-

"स एकाकी न रमते।सोऽकामयत।

एकोऽहं बहुत स्यात"।।

सृष्टि के लिए युग्म अथवा युगल बनना अनिवार्य था और वह युगल भी किसका? श्रद्धा एवं मनु का माया एवं ब्रह्म का नारी एवं नर का रमणी एवं रमण का इस युग में विधान के अनंतर ही ब्रह्मा-सरस्वती, उमा-महेश्वर, लक्ष्मी-विष्णु , स्वाहा-अग्नि, शनि-पौलोमी तथा इंद्र-इन्द्राणी के युग्म बने परम पिता ब्रह्मा ने सृष्टि के प्रथम चरण में मानसी सृष्टि ही अधिक रची इसके उपरांत सृष्टि के अगले चरण में उन्होंने में मैथुनी सृष्टि की प्राण प्रतिष्ठा की जिसका स्त्रोत थे नर एवं नारी।

अतः भारतीय समाज में दांपत्य की प्रतिष्ठा अर्थात दंपत्ति समूची सृष्टि का निमित्त कारण मान लिया गया। जो भी है उसके मूल में यह निश्चित है कि युग्म चाहे प्रिय-प्रियतम का हो भक्त-परमात्मा का हो या पति-पत्नी का हो, इनके विचरने का पथ एक ही है, इनकी गली एक ही है, जिसका नाम प्रेमपथ या प्रेमगली है। पुस्तक 'गली' को एक सामान्य पाठक बनकर उसके सार को समझना आसान नहीं है, गूढ़ रहस्यों की परतों की ओट में गुनी-बुनी यह पुस्तक आत्म चेतना जागृत करने की क्षमता रखती है। पुस्तक के लेखक साकेतवासी यज्ञसम्राट श्री आनंदकंद दयालु भगवान जी ने इस पुस्तक के माध्यम से सिद्ध कर दिया है कि व्यक्ति के मन-वचन-कर्म की गति में उसके उसके संस्कार अग्रणी होते हैं। यह संस्कार उन सांसारिक स्मृतियों और अनुभवों की देन होते हैं जो एक पीढ़ी, दूसरी पीढ़ी को सौंपती है। इन संस्कारों की ग्रहणशीलता इतनी प्रबल होती है कि इनके समक्ष तर्क और औचित्य बौने हो जाते हैं।

पुस्तक को पढ़कर प्रतीत होता है कि मनुष्य में निहित स्वप्रज्ञा ब्रह्मांड से एक संवाद है। सम्पूर्ण पुस्तक लक्षणा, व्यंजना से परिपूर्ण है, इसमें पाठक को तभी पूरा आनंद मिलेगा जब इसे एक पारखी चिंतक की दृष्टि से पढेगा। 'गली' में श्री आनंदकंद दयालु भगवान जी ने पुस्तक को अनेक नाम, रूप गंध वाले सुपरिचित अल्प परिचित सभी प्रकार के विचार रुपी पुष्पों से सुशोभित किया है। एक ओर इसमें नित्य प्रति भोगा जाने वाला यथार्थ है तो दूसरी ओर आदर्श जीवन जीने की दिशा भी सुझाई है, जिसके अंतर्गत लेखक ने हमारे जीवन की विभिन्न स्थितियों

को उकेरा है, जिसे देख लगता है कि लेखक का दृष्टिकोण पूर्णतः दार्शनिक और वैज्ञानिक चिंतन से परिपूर्ण है।

कभी वेद तो कभी उपनिषद के उदाहरण देकर प्रेम के प्रस्फुटन को अनेक रूपों में उजागर कर करते हुए भगवान जी कहते हैं कि "प्रेम गली अत्यंत सकरी हैं सूक्ष्म है- **'सोक्ष्म्येण युक्तं भक्षिकाया पत्रम'**। (बृहदारण्यकोपनिषद)अर्थात यह पक्ष इतना सूक्ष्म है तो इसमें किसी के संग कैसे चला जायेगा' अतः मन से ऊना होकर मुनी, ऋषि, बन जाओ अर्थात संग से निसंग, मुक्त होकर मुक्ति मोक्ष के द्वार पर पहुंच जाओ । इस संदर्भ में सरभंग ऋषि का उदाहरण देते हुए वह लिखते हैं कि उन्होने अपने ह्रदय के सभी संग त्याग दिए और ह्रदय में राम को लक्ष्मण के साथ बैठा लिया - **"एहि बिधि सररचिमुनिश्वरभंगा बैठे ह्रदय छाड़ि सब संगा।"**

इस वैचारिक दिव्यता को गति देते हुए, पुरातन में नित नए श्रृंगार की झलक उकेरते हुए लिखते हैं कि अनादि काल से अनंत जीव अनेक मार्गों से भवसागर में चक्कर काट रहे हैं और अनेक मार्गों के चौराहे पर भ्रम में पड़ जाते हैं, अतः इस संदर्भ में वे कहते हैं ''भूल गया अपनी गली मारग पथिक गुमाना'।

इसी क्रम में आगे वह यह कह कर कि "ब्रह्मा ने जितने ब्रह्मांड बनाए हैं उन सबके अपने पद निश्चित है ब्रह्मांड की पृथ्वी अचला होकर भी चलती है अपनी धुरी पर चलकर 365 दिन में एक प्रदक्षिणा कर लेती है। अपनी वैज्ञानिक चेतना का परिचय देते हैं। आगे वह जड़ चेतन लोक परलोक के मार्गों पर चिंतन करने का संदेश देते हुए लिखते हैं-

भरद्वाज मुनि बसहि प्रयागा ।
तिनही राम पदम अति अनुरागा ।।
तापस समदम दया निधाना परमारथ पथ परम सुजाना।।

पथ के परम ज्ञाता भारद्वाज जिनके पास 100 आनंद पाने के 50 मार्ग हैं से भगवान श्रीराम पथ पूछते हुए स्नेह से कहते हैं- 'नाथ कहिअ हमकेहि मग जाही' विचारणीय बात है कि भगवान "मग" ही क्यों पूछ रहे हैं रास्ता या पथ क्यों नहीं सीधी सी बात है भगवान राम ने वनवास को "गम' (दुख) को ही अपना 'मग" 'गम' को उलटकर विपरीत शब्द

रच लिया ताकि उनका रास्ता आसान हो जाए इस तरह "मग' और :गम 'शब्द की इतनी विशद व्याख्या कर लेखक ने अपनी उच्चकोटि की दार्शनिकता का परिचय दिया है।

वर्तमान समाज की गंभीरतम बात बड़े ही सहज और सूक्ष्म संकेतों द्वारा उजागर करते हुए वह कहते हैं कि आजकल लोगों ने 'वसुधैव कुटुंबकम सर्वे भवंतु सुखिन": जैसे सार्वभौम कुबेर की सवारी को त्याग कर सकरी गली को अपना लिया है जिसमें पति-पत्नी भी नहीं समा पा रहे हैं।

इस प्रकार इस उदाहरण के माध्यम से पुस्तक रचयिता श्री आनंदकंद दयालु भगवान जी ने प्रेम की परिभाषा को बदलकर अद्वैत से द्वैत के स्थान पर द्वैत से अद्वैत होने की परिकल्पना को प्रतिपादित करते हुए अर्थात एक होकर ही जीवन मार्ग सुगम बनाने की बात को बड़ी दृढ़ता से रखा है।

आगे वह अपनी इसी बात को तर्कनिष्ठ रूप से सत्यापित करते हुए मानस (रामचरितमानस) को आधार बनाकर लिखते हैं कि मानस के सात कांड में लोक परलोक की जितनी धाराएं हैं वही भक्ति के सात पथ, सात गलियां हैं, जिस पर चलकर मनुष्य भवसागर पार करता है- मानस दृष्टि सप्त प्रबंध सुमग सोपाना।

ज्ञान नयन निरखत मन माना।।

और यह सात पथ ज्ञान की आंखों से ही देखे जा सकते हैं चर्म चक्षुओं से नहीं एवं यह ज्ञान चक्षु स्वयं एकाकी मार्ग है।

अंततः पुस्तक के सार के कलेवर के संबंध में यही कहना चाहूंगी की रचनाकार के चिंतन की तीक्ष्ण धार ही यत्र-तत्र संपूर्ण पुस्तक में प्रवाहित हो रही है। लेखक का सीधा संकेत है कि 'एकोऽम बहुष्यामि' अर्थात हम सभी का पथ विभिन्न गलियों से गुजरने पर भी एक होना चाहिए और यह तब भी संभव है जब जीव समष्टि का आराधक हो। इस प्रकार से अनहद का आनंद वही प्राप्त कर सकता है जिसका प्रभु के साथ तादात्म्य हो जाता है, उसी में रम जाता है और यह तादात्म्य तब ही संभव है जब मनुष्य आत्म निरीक्षण कर स्व को भूलकर अपने "मैं" की परतों का भेद मिटा दे और एक रूप हो जाए।

वेद, उपनिषद, पुराण, स्मृति, संहिता, इतिहास के गूढ़ रहस्यों को उद्घाटित करती हुई यह पुस्तक 'गली ' को पढ़ना अपने भीतर के अमूर्त महासमुद्र से साक्षात्कार करना है। अत: यह पुस्तक एक प्रज्ञावान पाठक की उदग्र एवं उत्कर्षमयी आत्म चेतना को चुनौती के साथ आमंत्रित करती है, क्योंकि इस पुस्तक का पाठक होना 'मंत्र पाठक' होना है, जागरुक पाठक होना है।

अंत में बहुविध बहुआयामी फलक को थामे इस पुस्तक को शीश नवाते हुए विराट भावलोक मौलिक एवं समृद्ध विचारलोक तथा गहन प्रज्ञालोक के स्वामी पुस्तक रचयिता श्री आनंदकंद दयालु भगवान के श्री चरणों को प्रणाम कर कामना करती हूं कि यह पुस्तक प्रबुद्ध पाठक वर्ग की संपदा से सुशोभित होकर लोक हितार्थ सारथी बनेगी।

"डॉ अमृता
विभागाध्यक्ष हिंदी (एनडीपीएस इंदौर)"

जीवनी

सर्व समर्थ श्री श्री आनंद कंद दयालु भगवान

एक ऐसा नाम जिसे सहजता से जान लेना ईश्वर को जानने जैसा ही है परिचय की आवश्यकता व्यक्ति को है जिसमें व्यक्तित्व का रूपांतरण छुपा हुआ होता है लेकिन जब बात मानव मात्र से ऊपर उठकर होती है तो वह आध्यात्मिकता के रूपांतरण की ओर हमें अग्रेषित करती उस चरम बिंदु की ओर जहां से यह जीव ईश्वर के अंश अवतार में प्रकट होता है

ईश्वर अंश जीव अविनाशी चेतन अमल सहज सुख राशि

इस प्रकार इस संसार के महानतम क्षेत्रफल में आर्यावर्त के मध्य भूभाग में

आश्विन शुक्ल चतुर्थी संवत् १९९९ की प्रातर्बेला में जिस ज्योतिर्मय बालक का जन्म हुआ वह एक अनोखी छवि लेकर माता-पिता के आनंद का कारण बना। पिता श्री बड़े भगवान ने जिस समय पुत्र जन्म का समाचार सुना, उस समय वे रामचरित मानस का पाठ कर रहे थे। पाठ के उच्चारण में बार-बार आनंद और दयालु जैसे शब्द स्फुटित हो रहे थे। अस्तु बालक का नाम आनंद कंद होना स्वाभाविक ही था। क्योंकि वह आनंद रूपी फल का ही प्रतीक है जो ईश्वर कृपा से प्राप्त होता है इसलिए बालक का स्वरूप देखकर बुआ और मां कह उठीं कि यह बालक तो 'भगवान' जैसा लगता है। बस सबके मत से बालक का वहीं नाम सार्थक होने लगा जो आज सबके समक्ष आनंद कंद दयालु भगवान के रूप में जाना जाता है।

पुत्र जन्म के पूर्व ही माता को अपूर्व और विचित्र स्वप्न दिखाई देने लगे थे। एक अलौकिक स्वप्न में माता ने देखा कि दुर्बल देह और लंबी दाड़ी वाले कोई महात्मा रामायण ग्रंथ लिख रहे हैं। अद्‌भुत आनंद को देने वाले ग्रंथ को

लिखने के बाद उसे माता को सौंपते हुए कहने लगे कि "देख, देशरानी यह ग्रंथ मैं तुझे सौंप रहा हूँ। इसे संभाल कर रखना।" मां ने पूछा महाराज, आप कौन हैं ? महात्मा बोले "पगली, तू तुलसी चौरे के तुलसी को नहीं जानती बस ऐसा कहते हुए वे तुलसी के पौधे में अन्तर्लीन हो गए। ऐसे दिव्य अलौकिक स्वप्नों के बीच बारह महीनों तक मां के उदर में विकसित शिशु का दिव्य रूप में जन्म लेना असाधारण प्रसंग ही कहा जाएगा।

ईश्वर की ओर

दयालु भगवान किशोरावस्था से ही ईश्वरोन्मुख होने लगे थे। स्थानीय विद्यालय में प्रारंभिक शिक्षा प्राप्त की और माता-पिता ने जो संस्कार दिये उसने ही उन्हें भगवान मय बनाने के लिए सक्षम बनाया । सागर विश्वविद्यालय से अध्ययन पूर्ण करने के पश्चात साहित्य सम्मेलन प्रयाग में डिग्री प्राप्त करने गए जहां आयुर्वेद से स्वर्ण पदक प्राप्त कर प्रयाग विश्वविद्यालय में प्रथम स्थान प्राप्त किया , दयालु भगवान बहुत दिनों तक काशी और चित्रकूट में रहे जहां वे स्वाफा पहन घोड़े पर सवार हो निकलते तो बहुतेरे संत महात्मा उन्हें ताकते रह जाते, वे उन्ही संत-महात्माओं के मध्य सत्संग का आनन्द लेने लगे जिससे उनकी भक्ति भावना बढ़तर होती गई। वहाँ उन्होंने बारह करोड़ राम-नाम मंत्र जाप करने का संकल्प ले लिया। अनुरागात्मक बैराग की इच्छा दृढ़ हो गई जिससे कान्ताभाव मयी भक्ति भावना के प्रभाव सूत्र में आ गए जो कोटि युगों की दुर्लभ तपस्या के बाद प्राप्त होती है जिससे ईश्वर साक्षात्कार तो सहज ही हुआ और बारंबार होता रहा पर सुरती योग के माध्यम से सवालाख मानस पाठ की योजना को भी साकार कर दिया । साकेतधाम की तीन एकड़ भूमि में क्षेत्रीय संन्यास लेने वाले दयालु भगवान ऐसे साधक बन गए जिन्हो ने सत्ताइस वर्षों के लम्बे अंतराल में कठोर से कठोर व्रत, उपासना और यज्ञ - सम्पन्न किए। उनके व्दारा किया गया ३० दिन का अति कठिन चान्द्रायण व्रत उल्लेखनीय है जिसे उन्होंने दो बार किया जिसमें केवल प्रथम बार आँवले का ही सेवन चंद्र की कला के बढ़ते घटते क्रम में फलाहार स्वरूप ग्रहण किया द्वितीय बार केवल बेलपत्र के सेवन से यह कठोर व्रत संपन्न किया साथ ही

उन्होंने पांच दिनों तक 'तुलसी पर्ण व्रत' की भी साधना की थी। आँवले के वृक्ष के नीचे एक पैर से ५२ घंटे खड़े रहकर रामचरित मानस के पाठ सम्पन्न किए। पुनः लगभग छः माह अर्थात १८० दिनों तक मौनव्रत भी धारण किया जिसमें आहार के रूप में केवल दुग्ध का ही सेवन किया। इस मौन व्रत में वे अशोक वृक्ष के नीचे १०८ बार मानस का पाठ करते रहे। नए-नए अनुष्ठान करना उनका स्वभाव हो गया था इसी क्रम में कोटि लिंगार्चन, अति रुद्र यज्ञ, पुराण पाठ, सुंदर कांड संपुट हवन, कोटि बिल्बपत्र यज्ञार्चन आदि अनुष्ठान उनके प्रयासों से सम्पन्न हुए।

ऐसी कठोर तपश्चर्या का परिणाम यह हुआ कि २७ वर्षों के अल्प समय में रामचरितमानस का सवालाख बार पाठ हुआ जो विश्व के आध्यात्मिक क्षेत्र का एक आश्चर्य माना जाता है जिसकी संपूर्ति में लाखों नर-नारी समलित हुऐ । जहां साकेत धाम की पवित्र भूमि से संलग्न हो लोक कल्याण की भावना से दमयंती नगर विश्व का अनुपम तीर्थ बन गया जिससे वर्तमान में लोग दमोह के मानस पाठ से संबोधित करते है आज भी इस तपस्थली में सैकड़ों साधु सन्यासी बरबस चले आते है

भक्ति पद्धति

समूचे ब्रह्मांड और चराचर जगत में ब्रह्म, माया और जीवात्मा की सत्ता शाश्वत है । जीव (आत्मा) सदैव ब्रह्म (परमात्मा) की उपासना करके उनमें अन्तर्लीन हो जाना चाहता है। ब्रह्म और जीव के संबंध को संतों और भक्तों ने स्त्री-पुरुष का रिश्ता प्रदान किया। कबीरदास जैसे संत आत्मा को परमात्मा राम की बहुरिया या दुलहिन मानते हैं और राम से पति भाव का रागात्मक संबंध जोड़ते हैं। मलिक मुहम्मद जायसी जैसे सूफी कवि भी जीव ब्रह्म के बीच 'इश्के हकीकी का प्रेम संबंध स्वीकार करते हैं। रामानंद, बल्लाभाचार्य, रामानुजाचार्य, निम्बकाचार्य जैसे साधकों तथा तुलसीदास, सूरदास, मीराबाई, अग्रदास, नाभादास जैसे भक्त कवियों ने राम और कृष्ण के साथ अपने संबंध विभिन्न रूपों में जोड़कर आत्मा को स्त्री रूप में ही स्वीकार किया है। मधुर भक्ति कहें या रसिक भक्ति दोनों में ही आत्मा-परमात्मा का संबंध स्त्री-पुरुष के रूप में ही प्रकट हुआ है। आत्मा रूपी स्त्री अपने आराध्य भगवान को

विभिन्न रूपों में रिझाती है और आराध्य में समाविष्ट हो जाना चाहती है।

इसी भाव धारा से अयोध्या में सर्व प्रथम वैष्णव संत रूप कला और शशि कला की कांता-भाव (सोलह श्रृंगार से प्रभु को रिझाने की सर्वोच्च परम्परा) की उपासना अन्य संतों ने स्वीकार की जिसे भगवान् शिव-पार्वती ने अर्धनारीश्वर स्वरुप से प्रमाणित किया और श्री रामचरणदास ने पति-पत्नी भाव की उपासना कर उसे आगे बड़ाया। उन्होंने 'स्वसुखी' शाखा को जन्म दिया। स्त्री वेश धारण करके पति लाल साहब (राम) से मिलने के लिए सोलह श्रंगार करना इस शाखा का लक्षण था। रामचरणदास ने अपने मत की पुष्टि के लिए अनेक ग्रंथ लिखे। महन्त जीवाराम ने 'तत्सुखी' नाम से इस संप्रदाय का विकास किया। इस संप्रदाय की विभिन्न शाखाएं जानकी संप्रदाय, रहस्य संप्रदाय,

जानकीवल्लभ संप्रदाय आदि नामों से प्रसिद्ध हैं। इन्हें रसिक संप्रदाय के रूप में भी जाना जाता है।

हनुमत संहिता' और महाकौशल ग्रंथ इस भक्ति पद्धति के दो प्रसिद्ध ग्रंथ माने गए हैं।

श्री दयालु भगवान में इस भक्ति पद्धति का सीमित एवं बाह्य प्रभाव लक्षित होता है। वे अपने शरीर पर चूड़ी, बिन्दी, पायल या रम्य वस्त्राभूषण स्वयमेव धारण नहीं करते। भक्त जन आकर श्रद्धा और प्रेम वश उन्हें स्वयं पहना जाते हैं। उनकी साधना की एक और बड़ी विशेषता है कि वे विगत् २७ वर्षों से अन्न के स्थान पर केवल फलाहार ही ग्रहण करते रहे जो जीवन पर्यन्त चला, उनका संकल्प रहा कि वे स्वयं अपने हाथों से फलाहार ग्रहण नहीं करेंगे। इसीलिए कोई श्रद्धालु खुद आकर उन्हें अपने हाथ से खिला दे तभी वे आहार ग्रहण करते इस संबंध में दयालु भगवान कहते हैं कि मैंने स्वामी करपात्री महाराज को कर-पात्र (हाथों की अंजुली) से भोजन करते देखा था। वे धातु के पात्रों को भोजनार्थ छूते भी न थे। मेरे मन में आया कि मैं भी इसी प्रकार अनुकरण करूं। । फिर एक नया विचार भी तरंगायित होने लगा। मैंने सोचा कि ईश्वर सबको भोजन देता है। भोजन करने के लिए व्यक्ति को हाथ तो चलाना ही पड़ता है। कहावत भी है कि भगवान खाने को तो दे देगा पर

थाली से कौर (ग्रास) तो उठाना ही पड़ेगा।

मैंने इस शाश्वत कथन और आचार-पद्धति से भी आगे बड़ने का निश्चय कर लिया। जब ईश्वर भोजन उपलब्ध करायेगा तो मुंह तक भी पहुंचाने का भी साधन जुटाएगा। यह संकल्प मन में आया और पूरा भी होता गया। श्रद्धालु फलाहार लाते और स्वयं अपने हाथों से मुझे खिला देते। कभी उपलब्ध नहीं हुआ तो बिना आहार के भी साधना चलती रही। दमोह नगर के पूर्वी भाग में जो साधना स्थली बनी उसका नाम साकेत धाम है

साकेत धाम

यह नाम शाश्वत है जिसका स्वाभाविक रूप दिव्य हैं। यह सिया राम परिवार का आश्रम स्थल अयोध्या जैसा प्रतीत होता है जिसे अवध कहते है जिसे परिकर साक्षात् स्वर्ग भूमि से भी बड़ कर मानते है। भक्तजनों ने यहाँ कौशल किशोर का दिव्य मंदिर बनवाया। जहां सिया राम सरकार की ऐसी मनोरम झांकी है जो कम स्थलों पर ही देखने को मिलती है | मनोहर वेष में पगड़ीधारी रामलला दूरागत भक्तजनों के मन को मोह लेते हैं। दमोह का मोह तो यहाँ विद्यमान ही है। विशेष आसनारूढ़ पश्चिमाभिमुख मारुति नंदन की प्रतिमा तो देखते ही बनती है।

पार्श्व में जो वृत्ताकार मुख्य कक्ष 'मानस पाठ यज्ञ पीठ' है उसमें १९७१ की रामनवमीं से नित्य 'सवालाख मानस पाठ' का यज्ञायोजन अब संपन्न हो गया है प्रत्येक ९ दोहों के बाद हवनाहुति। इसी तरह सवालाख बार मानस के पाठ हुए और उतनी ही बार ९ दोहों के सातत्य में हवन यज्ञ का अनुष्ठान। जो घृतावलंबित ज्योति १९७२ के राम-जन्म पर्व पर प्रज्वलित हुई वह अखंड जलती जा रही है। गांवों और शहरों के हजारों स्त्री-पुरुष इस पुण्य भूमि पर आए और २७ वर्षों की 'अखण्ड-मानस पाठ-साधना' में सम्मिलित होते रहे। हिन्दु, मुस्लिम, सिक्ख, गुजराती, रैदास जैसा कोई भेद यहाँ नहीं रहा। सबने यथा सक्षम पाठ यज्ञ किया। मानस पाठ कर्त्ताओं में आफ्रीका, मोरिसस और इंग्लैंड के निवासियों ने भी अपने नाम दर्ज कराये। जिससे सवालाख मानस पाठ कर्त्ताओं के नामांकन का एक विशाल ग्रंथ ही बन गया। इस महाभार ग्रंथ

को संवत् २०५६ कि रामनवमीं (दिनांक २५.३.९९) को मध्याह्न १२ बजे काशीपाठाधीश्वर की उपस्थिति में रामदरबार में रखा गया। शंकाराचार्य श्री निरंजनानंद जी सरस्वती ने इस नामावली ग्रंथ पर अपने हस्ताक्षर किए मानों साक्षात् भगवान शिव ने रामचरित मानस की तरह सत्यं शिवं सुंदरं लिखकर प्रमाणीकरण के हस्ताक्षर किए हों।

सत्ताइस वर्ष की अवधि में सवालाख मानस की संपूर्ति पर्व के एक मासीय समारोह में हवन-पूजन, भजन-कीर्तन के साथ-साथ नित्य अपराह्ना

श्रीमद् भागवत कथा तथा रात्रि में रामायण कथा, रामलीला-रासलीला का आयोजन-प्रदर्शन होता है। १०८ विप्रकंठों से उच्चारित श्री सूक्त पाठ के संपुट में कमलगटा से यज्ञाहुतियाँ दी जाती हैं।

श्री सीता अतिशक्ति महायज्ञ का यह अलौकिक आयोजन निस्संदेह सवालाख मानस पाठ की तरह विश्व का प्रथम आश्चर्य बना दूरदराज से आए हुए हजारों नर-नारियों और बालक-वृद्धों से समूचा साकेतधाम अपनी रंगबिरंगी छटाएं बिखेरता रहा केसरिया ध्वज पताकाएं, काँस कुटीरों के आवास और यज्ञ कुंडों से उठती आहुतियों की धूम्र सुगंधि समूचे परिवेश को सुवासित कर रही थी लगता है स्वर्ग का सुख साकेत धाम में थम गया है।

१४५ यज्ञों की विशाल श्रंखला अन्यत्र कहीं इस प्रकार देखने को नहीं मिलती, जो कि २३/३/१९७१ से सवा लाख मानस पाठ यज्ञ पूर्णाहुति पश्चात ९/५/२००१ लगभग ३० वर्ष के क्षेत्रीय सन्यास की समपूर्ति के साथ भारत भ्रमण के लिए तीर्थ यात्रा पर निकले,

'साकेत धाम' के मुख्य व्दार पर दिनांक १.१.१९९९ को सप्तविंशति अशोक वृक्षों का रोपण किया गया। २७ नक्षत्रों के प्रतीक यह अशोक वृक्ष अव अशोक वाटिका बन गए ।।

साकेत वास

ब्रह्मलोक गमन से पूर्व १४ वर्षों तक भारत के अनेक तीर्थ स्थलों में अपनी पदयात्रा एवं पुष्पक के द्वारा किए गए अनुष्ठानों में कई प्रदेश और नेपाल जैसे देश सम्मिलित हैं सनातनी व्यवस्था के अंतर्गत महाकुंभ में भी यह यज्ञ परंपरा निर्बाध रूप से चलती रही जिससे

जनमानस उन्हें भगवान ही जानता रहा संतों महात्माओं के बीच पराग पुष्प की भांति स्वयं को स्थापित कर यह दिव्य चेतना ३ सितंबर २०१४ को सिया राम में समाहित हो गई। रूप कला स्वामी के पश्चात वैराग्य परंपरा का यह कलिकाल का दूसरा जीवंत मर्म है जिसे आप सभी अक्षरानुभूति कर आज भी अपने स्वरूप चिंतन में समाहित कर सके...

गांव गांव में अवध हो घर घर कुशल निवास,
सिय नारी नर राम हो , दयालु विश्व प्रयास ।।

1

गली गली नहिं प्रेम गली, गली प्रेम में एक।
लाख चुरासी तन गली, नाथ दयालु || टेक||

अनादिकाल से अनंत जीव अनेक मार्गो से भवसागर में चक्कर काट रहे हैं यह उनका भ्रमण अपने-अपने मार्गो से गुजर कर जाता है कितने चौराहों पर वह भ्रम में पड़ जाता है, रूक जाता है, भूल जाता है। कभी कभी तो गुम भी जाता है और अपने ही पथ से भटक जाता है और फिर वह पथिक किसी से अपना पथ पूछता है। कभी कोई तो अच्छा मार्गदर्शक मिल जाता है जो हमें सहीं मार्ग बता देता है और कभी कभी मार्ग में ही हमें इतना थका देता है इतना घेरे का होता हे कि चलते चलते हम मार्ग पर ही बैठ जाते हैं।

क्योंकि यह राजमार्ग की सड़क बहुत चौड़ी होने के नाते ही, पथिकों की संख्या इतनी होती है कि पैदल वाला पथिक वाहनों की प्रतिक्षा में या उनकी चाल को देखते हुये पर बस रूकना पड़ता है फिर आज तो वाहन के सिवा और कुछ है ही नहीं । कहां दुर्घटना हो जाये कोई निश्चित नहीं ,बड़ी ही गंभीर बात है । जहां जिस देश, उपदेश, प्रदेश, में ही गति पथ पर दुर्गति हो रही हो कुचल रहे हो टमाटर से आदमी, तो क्या यह पथ आदमी को अपनी जगह पहुचाने में सहायक बन पायेगा?

इन राजमार्गो की गति कितनी विकट हो गई कि सोचा भी नहीं जा सकता कि रास्तों पर आदमी मारे कुचले जा रहे है, भिड़ रहा है आदमी से आदमी, वाहन से वाहन, यहां तक की रेल जिसका मार्ग अपना ही होता है उस पर कोई अन्य नहीं चलता उसका अपना मार्ग होता है, लोह पथ

गामिनी है, पर वह भी एक न एक दिन भिड़ जाती है ।

अब क्या हम यहां मार्ग की गड़बड़ी मानेगें कि चालक की निश्चित मार्ग वाला जब भिड़ने लगा तो जिसका मार्ग ही निश्चित नही' है, उसके भिड़ने में क्या संदेह है पर मजे की बात है कि हमारी पगडंडियों का राही, आज तक नहीं भिड़ा जो अत्यंत सकरीं होती है । एक आदमी ही चल पाता है वह बड़ी मुश्किल से पर जो राजमार्ग चौड़ा चकरा है, पक्का सीमेन्ट डामल का है, कही कही तो कांच मार्ग, भी बन चुका है शायद अभी वातानुकूल मार्ग विश्व में नहीं बना हो सकता है कोई विज्ञानी प्रयास में तो, बना डाले भविष्य में अब तो मार्ग ही मार्ग बन रहे हैं। हर गांव नगर देहात झुग्गी झोपड़ियों में भी अच्छे सुथरे मार्ग पहुँच रहे है, जिन मार्गो पर 'मधु' की सुगंध बगरी होती है रिपट पड़ता है सब्जी थैले वाला सिलप हो जाती है गाड़ियां जो वातानुकूल है और मजे की बात तो यह कि कि इतने भले भले मार्गो में राजमार्गो पर चल कहाँ स्वयं लड़खड़ा रहा है जब सड़कें ही नही थी,मार्ग था ही नहीं कहीं जाने को सीधे सादे रास्ते थे। कच्चे ऊबड़ खाबड़ जब आदमी कितने अच्छे से सधा सधाया चलता था कही भी उसके पैर कुमार्ग पर नहीं होते थे।

जब मार्ग सुन्दर हो गये और कहीं भी गिरने भूलने का भय ही नहीं ।ऐसे कांच मार्गो पर पथिक गिर रहा है शिर के भर टूट रहे है पैर जा रहीं है पथों पर जनों पर जानें पर तो भी वह गिरने वाले अभी तक कुछ नहीं 'जाने'पर जाने पर तो भी वह गिरने वाले अभी तक कुछ नहीं जाने भगवान जाने उनकी 'जानें' कैसे बचेगी यहां विचार करना है कि क्या देश-उपदेश के सुन्दर मार्ग आदमी को सुन्दर रास्ते दिखा सकते हैं क्या हम यह बिल्कुल ही भूल गये कि रास्ता भी कभी रास्ता बताता, हां पथ पर हम पथिक चलते हैं और पूछतें भी हैं कि क्यों भाई यह रास्ता कहां जायेगा बताने वाला सज्जन अगर सज्जन है तो बता देगा कि यह 'रास्ता' काशी को जाता है।

अब विचार करिये क्या कभी कोई रास्ता वहां पहुंचा है जहां बताया जा रहा है, यह रास्ता दिल्ली जाता है। यह रास्ता नागपुर कानपुर इलाहाबाद जाता है तो हमारी समझ में यह अभी तक नहीं आया कि यह रास्ते कभी अपने स्थान पहुचें हों दिल्ली जाने वाला रास्ता दमोह में ही

पड़ा है हाँ यहां के रास्ते से भले विधायक सांसद दिल्ली पहुंच गये पर वह फिर उस रास्ते वापिस नहीं आये।

रास्ते से वह मत लेकर गये थे क्या रास्ता भूल गये नहीं नहीं रास्ता कैसे भूलेगे? हम रास्ता जब देखते है तो वह तो दमोह से दिल्ली तक वैसी की वैसी ही अपनी जगह पड़ी हैं भले उसके ऊपर 'वर्ण संकर' का वलान्तर चढ़ गया हो जैसे डामल रोड पर लाल मुरमका 'लाल' पड़ा पड़ा रो रहा हो चिल्ला रहा हो भले वह 'लाल' अपनी मां से चिपक न पा रहा हो और पानी गिरने पर सबके साथ फाग खेल रहा हो अपने रंग की पिचकारी से सारी की सारी सड़क लाल हो गई हो "अब तो 'काली' माँ दिखाई ही नहीं दे रही है ।बस उसके लाल सपूत लाल बेटी मुरमा, उनभी तक हमें वर्णो में आदमी - पथिक कोटी वर्ण संकर सुना था, पर अब तो मार्ग भी वर्ण संकर हो गये तो पथिक को क्या कहेगे, हां हम बात कर रहे थे मार्गो की पहुँच की,कि वह कहां पहुचंते है या वहां पड़े रहते हैं जहां वह पड़े है पर उन्होने पडे पड़े अपने ऊपर से कितने पथिको कों कहां कहां नहीं भेज दिया।

सारे के सारे मार्ग जहां के तहां अपनी जगह पड़े है पर पथिक सारी जगह घूम कर वापिस आ गया तो अब विचार करों कि जो हम यह कहते हैं कि यह 'रास्ता' दिल्ली को जाता है, सो कभी नहीं 'इस रास्ते से पथिक चलकर दिल्ली जाता है, रास्ता नहीं, पर जब पथिक स्वयं ही भूल जायेगा और कहेगा कि हम रास्ता भूल गये तो क्या होगा, इस पथ के पथिक का अब हमें और भी गंभीरता से विचार करना है कि हमें रास्ता बनाती है कि हम 'रास्ता' बनाते हैं।

हम सभी तो सुनते है कि क्या बताये "यार उन्होने तो मेरी 'रास्ता' ही बंद कर दी तो यह रास्ता एक व्यवहार स्नेह प्रेम -उद्योग-योग के भी काम आता है। अब यह पथ कितने प्रकार के होते है जिनसे आदमी अपने रास्ते खुले रखता है, इन पथों को अगर हम दो भागों में बाटे तो वह नाम होगें, लोक और परलोक ।

अब हमें यह भी देखना है कि परलोक मार्ग क्या, परलोक में होगें या लोक में , हम परलोक किस पथ से जायेंगे, क्या परलोक का मार्ग परलोक में होगा या वह यहीं लोक में है , जिस से चलकर हम परलोक पहुँचते हैं ।

यह कितनी विचित्र बात है कि हम चले तो लोक पथ से, पर पहुंचे , परलोक के सुख भोगो में और एक यह लोक मार्ग वह है, जिन पर हम चलकर अपने घर भी नहीं पहुँच पाते, डले रहते है ,पड़े रहते है, गिर पड़ते है ,गटरों में गंदी नालियों पर यह वह कौन मार्ग है उसी मार्ग पर मंदिर है उसी में मस्जिद और उसी पर पड़ता है गिरजा घर, जिसके सामने बना है गुरूद्वारा,कहीं कही पर एक ही मार्ग के दायें बायें सभी बने है और चार लोग एक रास्ते की एक वस गाड़ी से एक जगह पर उतर कर अपने अपने स्थान पहुंच जाते हैं जो एक ही मार्ग पर बने है पर 'हम एक रास्ते पर नहीं आ सकते' भले सभी 'स्थान' एक ही रास्ते पर आते हे एक ही शहर जगह में बने है जिन्हें हम 'धर्मस्थान' कहते हैं।

धर्म स्थान किसी न किसी मार्ग पर पड़ते है और वह मार्ग - रास्ता एक ही होता है, पर क्या कभी हमने यह सोचा कि यह रास्ता 'एक' है या अनेक है तो साधक अनेक है रास्ता गुरू मंत्र इष्ट तो एक ही होता है प्रत्येक संप्रदाय में कितने धर्म स्नातक होते है पर धर्म - ग्रत्थ एक ही होता है स्थान एक पथ एक पथिक अनेक पर अब तो पथ भी अनेक हो गये और अब यह 'पथ तो अपनी अपनी जगह पलटकर 'थप' गये है चिपक गये है। और साधक भी थप गया है पथ से अलग हो गया है भूल गया स्वयं और कहता फिरता है कि मैं मार्ग भूल गया हूँ।

भूल गया अपनी गली, मारग पथिक गुमान।
पथ नहीं ढूढ़े मिले, कलिदयालु अभिमान।।

अगर पथिक पथ खोज रहा है तो 'पथ' भी पथिक ढूढ़ रहा है यह पथ तो अनादि है जिस पर अनेक युगो से अनेक साधक पथिक होकर चलते आ रहे है चलते जायेगे और अपनी अपनी 'गली' भी ढूढ़ते रहेगे पर यह एक ही जगह 'पथ पथिक' मिलना दुर्लभ है कठिन है पर असंभव नहीं, सभी कुछ संभव है अब हम सर्वप्रथम यह देखे कि सारे पथो का ज्ञाता कौन है, जो हमें लोक पर लोक के पथ बताये, जिनसे आदमी तो ठीक है आदमी के शरीर में आये परब्रहम भी पथ पूछते है।

और यह 'पथ' कब पूंछे जाते है जब पथों पर हरियाई जम कर उन्हें ऊपर से ढक लेती है और यह पथ ऊपर दिखाई नही देते तो प्रत्येक पथों पर जो हरियाई काई घास जम चुकी है। उसे हमें अपने ग्रंथो से खोजकर

निकालना है क्योंकि आज यह पथ भ्रमित करने में लगे हैं तब मार्गदर्शक भी 'पथ भ्रष्ट' बने है वे विचारे क्या करें क्योंकि यह गलि इतनी सकरी है इससे एक साथ दो आदमी चल ही नहीं सकते है।

जब मै था तब गुरू नहीं, अब हरि हैं मैं नाय।
प्रेम गली अति सांकरी, जा में दो न समांय।।

प्रेम की सकरी गली

अब सोचिये कि यह प्रेम गली जो एक ही है, इतनी 'सकरी' संकीर्ण है कि दो प्राणी चल ही नहीं सकते, तो हाथी,घोड़ा, बैलगाड़ी, ऊटगाड़ी कितनी यह जीव सवारी नहीं जा सकती जिस पंथ से दो जा ही नहीं सकते तो किस प्रकार हम द्वैत बना पायेगें किस प्रकार से प्रेम गली से यह दाम्पत्य जीवन चल पायेगा क्योंकि यह इतनी सकरी है जिस प्रकार जीव सूर्य मार्ग से जिसे सूर्य में भक्ती के घने जाले में महीन छिद्र तो इस छिद्र से भी यह प्रेम गली अत्यंत सकरी है सूक्ष्म है 'सौक्ष्म्येणयुक्तं भक्षिकाया पत्रम्' (बृहदारण्यकोपनिषद्' अ ब्राहम्हण 3-पृ.696) जब यह पथ इतना सूक्ष्म है, तो कैसे चल जायेगा, संग में इसीलिये किसी किसी ने इस संग को त्याग ऋषि जीवन में प्रवेश कर लिया और सभी प्रकार के संग छोडकर बैठ गये , यह मुनि जो मन से ऊना हो चुका है, संगो से मुक्त होकर मुक्ति के द्वार पर पहुंच गया है धन्य रे यह निसंग का मग जो 'मग' 'गम' भी बन जाता है और जो मग पलटकर गम दुःख बन जाता है वह क्या कोई मार्ग बन पायेगा दे पायेगा जीवो को वह रास्ता जिससे भिन्नता अभिन्नता में बदलेगी, हम यहां 'सरभंग' ऋषि की बात कर रहे है जिसने अपने हृदय के सभी संग त्याग दिये तथा हृदय में एक श्री राम लक्ष्मण के साथ बैठाल लिया।

एहि विधि सर रचि मुनि सर मंगा। बैठे हृदय छांड़ि सब संगा ।।
(अर.8-8)

यह विचित्र बात हे कि जब तक हमारा मन विभिन्न सुखदायी बडरिपुयों के संग से वह संग नहीं मिल पाता तो शाश्वत है जो हमारा सहज संग है संगी है अनादि है।

बरनत वरन प्रीति बिल गाती। ब्रह्मजीव सम सहज सॅघाती। (बाल. 20/4)

जिस प्रकार राम नाम के वर्णों की प्रीति ब्रह्म जीव के समान सहज ही संघी है जीव ब्रह्म सहज ही संधाती है वह कभी भी अलग नहीं हो सकते अब हमें यह देखना है कि यह राम सरभंग के पास कैसे पहुचे।।

जिस मुनि को कोई संग नहीं चाहिये उसके संग हेतु परब्रह्म परमात्मा किस गलीं से पहुँचाय किसने उसे गली बताई यहां एक बात बहुत गंभीर है कि जहां राम को रास्ता बताने शिष्य लोग गये, वहां यह एक ही दृश्य है कि पृथ्वी अपने स्वामी को पहिचान कर स्वयं रास्ता देती चली गई यही सरभंग के यहां पहुँचने को नही वन, पहाड़, ऊबड़, खाबड़ घाट स्वयं रास्ता देते जा रहे है यह श्रेष्ठबाटा (रास्ता) है।

सरिता बन गिरी अवघट घाटा। पति पहिचानि देहिं बरबाटा।

(अरण्य 7/4)

कितनी विचित्र बात है जिस भगवान को धरती स्वयं श्रेष्ठ से श्रेष्ठ मार्ग दे रही है वह सारे रास्तों का निर्माता स्वयं मार्ग पूँछता हो तो एक महान आश्चर्य ही मानना चाहिए, वह प्रभु क्यों गलिंया पूंछ रहा है। धन्य रे, ब्रह्म जिसने अनंत ब्रह्माण्ड बनाये है उन सबके अपने पथ भी निश्चित किये, जो भू मंडल अपनी ही डगर चल रहा है अनंत समय हो चलते हुये भी अपनी जगह ही बना है ,कहीं दूसरी जगह नहीं पर इसी ब्रह्माण्ड की यह पृथ्वी अचला होकर भी चलती है पर चलती नहीं कहीं पहुंचती नहीं पर चलती है और अपनी धुरी पर चलकर सूर्य के 365 (14=5) दिन में एक प्रदक्षिणा कर लेती है, चल, चलकर भी पृथ्वी अपनी जगह से चली नहीं डिगी नहीं, अचल है और हम सभी चालक इसी पृथ्वी पर चलते है, जहां उत्तर पश्चिम पूर्व दक्षिण कर डालते है पर पृथ्वी से बाहर नहीं पहुँच सकते अब थोड़ा विचार करो कि जब हम पृथ्वी में बने मार्ग से चलते फिरते तो वह सभी मार्ग पृथ्वी में ही निर्मित है पृथ्वी से बाहर नहीं, जल के मार्ग जल से बाहर नहीं नभ के भारी नभ पर ही होते है, तभी तो नाव थल पर गाड़ी में रखकर हम नदी मे ले जाते है और जल में नाव पर रख कर ही गाड़ी किनारे लगते है पक्षी गीध आकाश मे चलकर उड़कर अपना आहार धरती पर पाते है, उतरते है आकाश से धरती पर, सो तीनो मार्ग के जीव मानस हमें गिनाती है

जल चर थल चर नभ चर नाना। जे जड़ चेतन जीव जहाना।

(बाल.3/4)

सब जीवो के अपने अपने मार्ग है जिससे वह चलते हैं, मछली थल पर नहीं चल सकती,गीध जल में नहीं चल सकता, हाथी आकाश में नहीं उड़ सकता और नाग पानी में नहीं तैर सकता, सभी अपने मार्ग के अनुयायी है पर मनुष्य 84 लाख योनियों से बाहर है सो वह सभी जगह यंत्र मंत्रो के सहयोग से सभी जगह चला जाता है और एक बहुत बड़ा आश्चर्य है कि यह यहीं पृथ्वी पर चलकर पृथ्वी पर से स्वर्ग लोक पहुँच जाता है तो यह भी कितनी विचित्र बात है कि धरती पर चलकर, धरती के बने मार्गो पर चलकर भी प्राणी कैसे स्वर्ग बैकुण्ठ पहुँच जाता वह भी एक मार्ग है तो हमें यह मार्ग (गली) भी देखना है कि किन गलिंयो से हम शुभ लोको में पहुँच सकते है और पृथ्वी वह कौन से राजमार्ग है जिसके द्वारा हम नर्क पहुँच जाते हैं रास्ता दोनो यहीं है तथा यह भी बात है कि यह मार्ग जो हमें धरती पर नहीं रहने देते क्यों? इन कुपंथो को भी नजर में रखना है मार्ग तो जड़ता होता है पर पथिक चेतन है तो उसे अपने-अपने विवेक से अपने मार्ग की अपनी चैतन्यता रखनी है, जिस प्रकार राम के पीछे चलने वाले पथिक सावधान है वह मार्ग दर्शन के साथ पथ का चिन्ह भी पीछे वालो के लिये पूर्ण रूपेण स्पष्ट रूप से छोड़ते जा रहे हैं, क्योंकि जिसमें शाश्वत मार्ग शाश्वत रहे इसकी झांकी हम आगे ही दर्शन करेंगे पर आज तो भगवान स्वयं मार्ग पूँछ रहे हैं जिस प्रकार राम ने वनवास में साथ होने वाले के लिये मार्ग चिन्ह मिटवाते हुये रथ को सुमंत्र से चलवाया पर वहां के मार्ग मिटाने और यहां के मार्ग लुप्त होने में बहुत ही अन्तर है। आज चारों तरफ से जो मार्गो का चिन्ह मिटाया जा रहा नये पंथमन से गढ़े जा रहे है।

कलिमल ग्रसे धर्म सब, लुप्त भए सदग्रंथ।।

दमिन्ह निज मति कल्पि, करि प्रगट किये बहु पंथ। (उत्तरकाण्ड)

यहां तो कलियुग ने अपनी कलुषिता से सारे धर्मो को उसी तरह ग्रस लिया है, जिस प्रकार राहू, सूर्य चन्द्र को ग्रहण में , यह ग्रहण यद्यपि 2-3 घंटे का ही होता पर युग आयु से लाखो वर्षो में चला जाता है।

जिस प्रकार कलि आयु 4 लाख बत्तीस हजार वर्ष है तो कलियुग धर्म नाश नहीं कर सकता बस धर्मो को ग्रहण लग जाता है और उसके

'उबलने' का समय समाप्त होने तक सभी को वैसा ही कष्ट है जैसा ग्रहण में भगवान को होता मंदिरो के पट बंद होते हैं। पानी भोजन में 'तुलसी' दल डाल दिये जाते है जिससे वह पवित्र बने रहने की सामर्थ्य रखे रहते है। यह तुलसी दल परम पवित्र है यह जो ग्रहण लगने से भोजन अपवित्र हो जाता है उसी प्रकार ग्रहण जो धर्म में कलि का लग जाता है उसे भी 'तुलसी' दल पवित्र बनाये रखता है, हमें तुलसी दल का प्रयोग करते रहना है क्योंकि यथार्थ तुलसी भोजन को पवित्र रखती है। अब हम यह तुलसी दल (मानस) श्री राम चरितमानस भी भजन के धर्म में रखने पर भजन धर्म कर्म सभी पवित्र रह सकते है और ग्रहण भी लगा रहेगा, धन्य री तुलसी और तुलसी दास का मान सहृदय 'श्री रामचरित'

यद्धर्मकर्म कुरूते मनुजः पृथिव्यां।नारायण प्रियतमां तुलसीं विनाच।।

अब हम जहां जहां जिन धर्मो को कलिग्रहण लग गया है उसे 'उबाले' कोई भी वस्तु गरम पानी में ही 'उबलती' है और खाने के योग्य होती है अब यहां हमें सूर्य चन्द्र, दिन के धर्म एवं रात्रि के धर्मो को उबालना है ,उन्हे जिस अधर्मो ने ग्रस लिया है उससे दूर करना हे उबारना है, संकटो से उबारना है पर यहाँ ग्रहण के साथ 'उबालना' ही कहते है कि ताप का विषय है तो अगर भोजन ताप से उबलता है तो भजन भी तप की गर्मी से उबलता है तो हमें जो धर्मो को कलि ने ग्रस कर ग्रहण कर रहा है।

उसे उबालता है तो हमें जो धर्मो को कलि ने ग्रस कर ग्रहण कर रहा है उसे उबालना है जिस प्रकार 'दूध' कच्चा स्वादिष्ट नहीं हो पाता पर वही दूध जब उबल जाता है ,ऊॅट जाता है और फिर कंडे का उबला हुआ दूध का स्वाद तो और भी अधिक स्वादिष्ट हो जाता है।

किसी वस्तु को ऊॅटना, ऊबालना ही उसको गुणकारी बनाता है तो हम सभी सूर्य चन्द्र को जो ग्रहण में कष्ट होता है सभी जीवो को अंधकार से कष्ट होता हे उन्हे भी उस अंधकार से उबारना है ।ग्रहण के उबलने पर सूर्य ,चन्द्र (भगवान) कष्ट से उबर जाते है तभी तो हम, सूर्य ग्रहण पर्वो पर गंगा, जमना, गोदावरी, हरिद्वार, 'कोणार्क' मंदिर स्नान करने जाते है काशी के विश्वनाथ को जल चढ़ाते हैं, यही तप हमारा ताप बनकर उबालता है धर्म स्वरूप भगवान को सो यही अवस्था इस समय "धर्म

धर्मात्मा, धन, धनी की हो रही है, लगा है कलि का ग्रहण जिसमें तुलसी दल डालें और बचाये 'कलिमलों से सत्यादि धर्मो के स्वरूपों को जो दंभी लोग अपनी कल्पना की मति से सदग्रन्थों को लुप्त कर रहे, सदपुरूषो पर कलिमल मति उछाल रहे हैं।

'द कालीज़ चाइल्ड' (मां काली की संतान) पुस्तक में 'जेफ्री जे.कृपालः जैसे भारतीय -अभारतीय ''भारत सहित विश्व के एकमेव ''परमहंस 'रामकृष्ण' कलकत्ता के काली के प्रत्यक्ष भक्त जिन्हें 'कल्याण' गीताप्रेस गोरखपुर " संत" अंक में भाई श्री हनुमान प्रसाद पोद्दार जी ने संतो की तालिका में साधु तो बहुत लिखे पर 'परहंस' मात्र एक नाम ही लिखा गया यह बात बिल्कुल सत्य है ''रामकृष्ण परमहंस थे संतो से बहुत ही ऊपर ऋषभ आदि महान पुरूषो की कोटि के 'ईश्वर कोटि के नीव थे। यह साहित्यिक व्यभिचार की रोकथाम, सामाजिक बलात्कार से भी कठिन है।

हम तो कहते है कि साहित्य की चोरी चपाटी, बालात्कार मिटने पर समाज का भ्रष्टाचार स्वमेव मिट जायेगा साहित्य ही में समाज का पूर्ण 'हित्य' है सा-हित्य, जब साहित्य समाज के निर्माता संतो पर असामाजिक प्रहार करने लगता है तब समाज कष्टो के गर्त में फस जाती है ।जो द्रोपदी की तरह दुःशासन द चीर खींचता है,सभायें जहां भीष्म, भीम , अर्जुन, धर्मराज बैठे है पर मौन हैं पर यह सब कुपंथ का रूप है जहां का स्वरूप बहुत ही गंभीर है, सरलता से समझ से परे है, यह तभी होता हे जब सदग्रन्थ लुप्त हो कर रहते हैं और काल्पनिक साहित्य में जेफ्री जैसे विद्वान विदेशी हो जाते है और 'नीम' की 'मनी' के रूप में पलटकर अमरिका की राह से 'पेटेन्ट' बनने की कड़वी नीति, भले सफल हो या न हो पाये पर प्रयास तो पेटेन्ट के होते है।

यही 'कुपथ्य' का कुपंथ है जो हमारे ही भारत में महाभारत बनाया जाता है। यह कलिमल की एक नजर है जो दंभी की कल्पना है, यथार्थ नहीं यथार्थ तो हमारे ही सदग्रन्थ हैं वह लुप्त होने से बचें, मार्गो की पवित्रता बनी रहें, यह जो पाखंड वाद के बोल बाले से सही सत्य 'पथ' कचड़े से ढक गया । उस कचड़े को उखाड़कर फेंकना है, अभी हमें यह कचड़ा भी तो जानना है क्योंकि बिना कचड़ा जाने हम ''धान' की निदाई

कैसे करेगें ? क्योंकि फसल के साथ धान के कचड़े को भी पहिचानना है तभी निंदाई संभव है नहीं तो कूरा बचकर धान पटा दी जाये।

तो उलटा नुकशान ही होगा, यह कोई गुरू ही बतायेगा वहीं नी'दने के लिये 'खुरपी' खुरपा देगा और हम एक 'कृषक' बनकर कृषि का निवार कर पायेगें। यही बात राम जी अपने 'लक्ष्मण' से कहते है।

कृषी निरावहिं चतुर किसाना।जिमि बुध तजहिं मोह मद माना।।

(किष्किं. 15/8)

जिस प्रकार कृषक अपनी खेती की निंदाई करता है उसी भांति, भक्त भी अपने अवगुणों की सफाई कर, मन से मोह मद और मान का अभिमान दूर करता है।

क्योंकि तुलसी ने अपने तन को भी एक खेत कहा है और तनके लिये भी एक मिट्टी का जड़ खेत भी है दोनो की एक सी निंदाई है।

तुलसी यह तन खेत है, मन क्रम वचन किशान।
पाप पुन्य दुई बीज हैं, बये लये खलियान।।

अब हमें दोनो खेतो को देखकर ही जड़ चेतन लोक परलोक के मार्गो पर चिंतन करना है। जिसका पूर्ण मार्गदर्शन हमें अपने तप से मिलेगा वह इस पथ के परम ग्याता, तपस्वी, परम ज्ञानी भारद्वाज से पूछते हैं ।क्यों भरद्वाज यह दो के पालन पोषण में समर्थ है भरत जिस प्रकार सबका पेट भरत है उसी प्रकार भरद्वाज जी सभी के मार्गो को बताकर उनका समाधान करते हैं क्योंकि इनके पास 100 आनंद पाने के 50 मार्ग है, तभी तो भगवान श्री राम इन्ही से 'पथ' पूछते हैं।

भरद्वाज मुनि बसहिं प्रयागा।तिन्ह हि राम पद अति अनुरागा।
तापस समदम दया निधाना।परमारथ पथ परम सुजाना।। (बाल. 44/1-2)

इन्ही से भगवान कहते है,

राम सप्रेम कहेउ मुनि पाहीं। नाथ कहिअ हम केहि मग जाहीं।।

(अयो. 109/1)

यहां भगवान 'मग' ही क्यों पूंछ रहे है, रास्ता, पथ, मार्ग, मार्ग, गली, क्यों नहीं, थोड़ी सी बात है कि अभी अभी भगवान वनवास के 'गम' से भरे है, सो 'गम' को पलटने के लिये राम ने गम को ही मग, बनाने के

निश्चय से वही दुख अब मग (मार्ग) बना लेगें यह बात बहुत ही सुन्दर है कि हम प्राप्त दुःख को ही अपना मार्ग चयन कर चल देवें तो अनंत सुखों का मार्ग खुल जाता है ।

बस हमें अपने दुख (गम) को ही पलटना है सो वह गम (दुख) हमें अपना मार्ग बता देगा। देखो भगवान ने कितना सुन्दर पथ खोजा, जो उनके दुख (मग) में ही छिपा था। पलट दिया दुख बन गया गम (मग) और रास्ता खुल गया, सुख का रास्ता –

क्योंकि भगवान स्वयं लक्ष्य - मन से कहते है कि

हरित भूमि तृन संकुल, समझि परहिं नहि पंथ।
जिमि पाखंड वाद ते, गुप्त होहि सदगन्थ।।

(कि. 14 दोहा)

हे लक्ष्मण देखो यह इस समय सभी मार्ग वर्षा के कारण निशाचर की झरियों से सभी ढके है और चारो तरफ से सभी मार्ग अवरूद्व हो चुके है ,विशाल प्रेम गली जहां 16 हजार 108 गोपांगनायें रहस्य में 'ऋषियो' के अवतार थी, ऋचाओं के समूह थी।

यह सब बृज मंडल, अब मात्र अकेला ही रह गया है ''अपनी ढपली अपनो राज' हम भले हमाओ घर भलो, अपनी चार दिवाली से बाहर नही और अब तो अपने वृद्व माता भी सरकारी वृद्व आश्रम में भरती कर दिये जाते है।

बड़े गर्व के साथ कहते भैया हमने अपने माता पिता को वृद्वाश्रम में रख दिये है बड़े आराम में है। जहां हमारा प्रेम 'वसुधैव कुटम्बकम' सर्वेभवन्तु सुखिनाः'' जैसे सार्व भौम कुबेर की सवारी को त्याग कर सकरी गली को अपना लिया है जिसमें बस एक मियां बीबी ही रह पाते है उसमें भी हर्ष, वर्ष के साथ तीन तलाकें हो जाती है ।

यह आज का सिंकुड़ा प्रेम प्रवाह अभिनय ''जिसे हम 'प्रेम गली अति साकरी' का आज कितना अनर्थ हो रहा है । जहां पति पत्नि भी एक नहीं हो पा रहे है ,दोनो के दोनों 'सर्विस' में है दोनो के सर (सिर) में बिस (विष) भर गया है, खायेगे कमायेंगें यह "सरविष" जब तक समाज का तनखाय - न लेगी जब तक हमें सकरी कुलियो के प्यार से तंग कर देगी, यह अपने मन की राह जिसमें कोई शास्त्र सम्मति नहीं होती।

मारग सोइ जा कहुं जोइ भावा। पंडित सोइ जो गाल बजावा।।
निराचार जो श्रुति पथ त्यागी। कलिजुग सोइग्यानी सो विरागी।।
(उत्तर 98/3-7)

जिस काल में आचार रहित वेद पुराणों के कहे हुये वैदिकमार्ग को त्याग कर व्यवहार के धनी ग्यानी और वैरागी कहे जायेगें, जो अपने मन से स्वछंद घूमते फिरते दुनिया में गप्पों के खजाना भर भरे हुये हंसी ढढोली करेंगे वही पंडित ग्यानी और गुणी कहलाने लगेगें तब श्रुतिपथ कैसे शेष रह पायेगा, जिस भारत की वैदिक संस्कृति में अर्धांगिनी रूप स्त्री होती है वह गली इतनी सकरी है पर सुकड़ नहीं हम इस झांकी को देखें, जहां भगवान शिव जो पूर्ण अविनाशी है, यथार्थ में इन्होनें ही 'प्रेम' गलि को पूर्ण रूपेण जाना है और दोनो तन एक होकर एक हो गये दो तन में एक तन अभिन्नता में भिन्नता भिन्नता में अभिन्नता 'सकरी गलिं का प्रेम कितनी ही सकरी गलिं होगी दोनो शरीर निकल जायेगी क्योंकि एक पद ही है दोनो के जहां चार आखें होना थी वहां 2 नेत्र ही है दोनो एक नजर है एक दिशा है। तभी तो ''एक पद में''रामचरित्र' का श्रोत वहा, जिसका स्वरूप श्रद्धा विश्वास में सना है।

अधिश्रद्धा अधो विस्वास, शिवशिवा का पूरो वास।

यह शास्त्रों का श्रुतिपथ का प्रतीक है, कि दाम्पत्य कैसा होना चाहिए।

यह स्वरूप ही सकरी गली का परिचायक है, जहां का सारा विषमता समता में सनी है एक ही मार्ग से दोनो पद चलेगें, परमार्थ पथ का विमोचन इसी पद में निहित है जहां यह -'हर' मार्ग से 'हर' निकल गया हर मार्ग में जब हर रहेगा तभी हर कार्य की सिद्धि हो सकती है। यह 'हर' हर हर घर का हरेक दुःख पीड़ा हर लेता है हर लेता है। जिस प्रकार देव दानवों ने अमृत लोभ से अमृत निकाला पर सर्वप्रथम कालकूट विष निकला जिससे सभी देव दानव मानव मरन लगे और सभी ने अमृत की आसा त्याग ही पर 'हरि' ने अपना मत रखा कि यह 'हर'देव दानव पीड़ा हर ही हर सकते है और उन्होनें वह जहर अपने कंठ में धारण कर नीलकंठ बनकर सभी की पीड़ा 'हरि' यह हरि ही 'हरि' है वास्तव में यही एक 'हरिहर' मिलन की विधि है, जो ब्रह्मा है, सो ब्रह्माण् की हरिहर विधि है यह त्रिगुण सृष्टि ही त्रिविध बनाई गई है ,जो श्रुतियो से

सम्मानित है। यही एक श्रुति पथ है जिस का अनुकरण करने मनु ने भारी तपस्या कर पर ब्रह्मा को पुत्र बना डाला कि कोई 'श्रुतिपथ' का आचरण करके हमारा एक मार्ग दर्शक बनकर हमें उस पथ पर चलाये। सोराम स्वयं ही पूछते है कि भरद्वाज हम कौन से मार्ग से जायें।

तब मुनि ने कहा हे राम आपके लिये सभी मार्ग सुगम है किसी भी पथ से जाए सभी से पहुँच हुये है, आप ही सच्चे राही है बटोही है। पथिक है और जो चल रहे हैं वह तो चल ही रहे हैं पहुँचे कोई एक विरला ही है।

चलिवो चलिवो सब कोई कहे, चलिवो जाने न कोय।
स्थिर सो मन जो हो गया, चलिवो दयालु सोय।।
मुनि मन बिहसि राम सन कहहीं। 'सुगम' सकल मग तुम्ह कहुं अहहीं।

अगर राम ने मुनि से मग पूँछा तो मुनि ने भी उत्तर में राम से एक ऐसा शब्द कहा जो उन्ही के मग से उलटा मग बना था उसी मात्र सुलगा दिया 'सुगम' कहा अर्थात हे राम आपके सभी सु-गम है अर्थात सभी दुख गम- सुन्दर है, आनंद है ।

भले पार्वती जी अपना रास्ता भूल जाये और तुम्हारे दुख को दुर्लभ मान लें कि यह कैसा ब्रह्म है जो स्त्री के दुःख में रोता है पर आप तो सदा ही अपने रास्ते पर है सदा ही 'सच्चिदानंद' स्वरूप है वहां कही गम वह तो सुगम हैं यही भग आपका रास्ता है यद्यपि हमारे शिष्य 50 है यह सभी रास्ते जानते हैं और पचासो से आप जा सकते है

भरद्वाज के 50 रास्ता कौन है ?

4 वेद

4 उपवेद

18 पुराण

18 उपपुराण

6 शास्त्र

यही 50शिष्यों से कहे गये रास्ते है और श्रुति पथ है पर राम जी को इनके साथ वेद अधिक प्रिय है सो ,पचास आने पर 4 ही संग में, क्योंकि इन्होने बहुत जन्मों से पुण्य किये थे।

साथ लाग मुनि सिष्य बोलाए। सुनि मन मुदित पचासक आए।।

सबन्हिं राम पर प्रेंम अपारा। सकल कहहिं मगु दीख हमारा।।

मुनि 'बटु' चारि संग तब दीन्हे। जिन्हबहु जनम सुकृत सब कीन्हे।

यही भगवान की 'श्रुतिपथ' की राह है जिसको भगवान ने पूर्ण महत्व दिया है इसीलिये राम को 'श्रुति सेतु पालक कहा गया है। यह बात आदि कवि बाल्मीकि जी कहते है कि हे राम आप तो श्रुति सेतु पालक हैं, हे राम आप जगदीश है जानकी जी माया हैं

श्रुति सेतुपालक राम तुम जगदीश माया जानकी।

जो सृजति जगु पालति हरति रूख पाई कृपा निधान की। (अयो. 126-9.10)

अगर वाल्मीकि जी राम को 'श्रुति सेतु' पालक कहते है तो कागभुषुण्डि जी भी गरूड़ से राम को 'श्रुतिपथ पालक' कहते है अर्थात यह बात गंभीर है कि थल का जहां तक मार्ग उसके निर्माता पथिक पालक तो आप है ही पर जब थल का मार्ग समाप्त हो जाता आदमी की गम समुद्र पार करने की नहीं पड़ती वहां आप समुद्र का सेतु (पुल) बांधवा देते हैं जिससे चींटी भी सागर पार कर जाती है और यही नहीं "संसार सागर" का समुद्र पुल तो बांधते ही है पर भवसागर का भी श्रुतिपथ पुल भी बांधते है। उसी के आप पोषक है वेद मार्ग ही आपको रूचता है और उसके लोकमत को भी आप सुरक्षित रखते है, आपने अपने मानव चरित्र में कहीं भी कभी भी लोक मद को हेय नहीं होने दिया।

वेदमत लोक मत दोनो सेतु दोनो छोर हैं किनारे हैं क्योंकि पुल दोनो किनारो को लेकर बंधता है लोक से वेद, क्योंकि हम सब वहीं धरती पर रहकर यज्ञादि साधन लौकिक वस्तु से करके पारलौकिक दिव्य वस्तुधाम पाते है यहां की पीपल, पाकर आम बरिया, कदम, अगस्त्य, ऊमर, जरिया, छेलिया, कांस की पूजन करके ही दिव्य वृक्ष पारिजात देवतरू स्वर्ग का कल्प वृक्ष पाते है। भले कोई स्वर्ग का इन्द्र बन जाये पर वह इन्द्र स्वर्ग के कर्मो को करके नहीं बना उसने यहां धरती पर जवातिली चांवल घी से 100 यज्ञ किये जिन्ह लोक कर्मो से परलोक पाया तो लोक पथ जो श्रुति पथ के रूप से निर्मित है वही हमें दिव्य धाम में भेजता है।

कोटिन्ह बाजि मेंध प्रभु कीन्हे। दान अनेक द्विजन्ह कहाँ दीन्हे।

श्रुतिपथ पालक धर्म धुरंधर।गुनातीत अरूभोग पुरंदर।।

(उत्तर 24/1-2)

जहां भगवान श्रुति पथ के पालक थे, वेद मार्ग से ही जीवन यापन कर रहे थे। वहां के लोग कैसे जी रहे थे क्या वह स्वछंद थे कि स्वतंत्र में बधे थे वेद पथ का अनुकरण करते थे कि अपने मनमाने रास्ते अपनायें थे, नहिं सारी प्रजा ही राजा के रूप में चलती थी यह श्रुति वाक्य है "जस राजा तस प्रजा" के सिद्वांत से सभी लोग अपने अपने वर्णाश्रम के धर्मो के मान कर ही अपना वेद पथ पकड़कर चलते थे और जीवन के भय,शोक,रोग के दुखों से पूर्ण रूपेण मुक्त थे और सभी प्रकार के सुख पा रहे थे, यही वेद पथ का परिणाम।

वरनाश्रम निजनिजधरम निरत वेद पथ लोग।
चलहिं सदा पावहिं सुख हि नहिं भय सोक नरोग।।

(उत्तर 20/दोहा)

यह वेद गलियां सुखद और शाश्वत है पर जो सामयिक कल्पना पर गढ़ी जाती है वह दुखदायी है, जब मनुष्य वेद के प्रतिकूल आचरण करने लगता है, वेद विमुख मार्ग अपना लेता है, धर्म की बात करना तो ठीक है सुनना भी नहीं चाहता और अगर कोई वेद पुराण की बात करता है तो उसे गांव से निकलवा दिया जाता है उसे अपमानित किया जाता है चोर लपट अपहरण जुआरियों का ही बोलबाला हो जाता है और जिस प्रकार से हो सके धर्म को निर्मूल करने प्रयास जारी रहता है।

जेहि विधि होई धर्म निर्मूला। सो सब करहिं वेद प्रतिकूला।।
सुभ आचरन कतहूँ नहिं होई। देव विप्रगुरू मान न कोई।।

(बाल. 183/5-7)

इस प्रकार की राह से चलने वाले मनुष्य के आचरण सभी के रास्ते रोक देते है 'रास्ता बंद वास्ते मरम्मद' 'यह रास्ता बंद कर देते हैं और वह भी पंथ भी मरम्मद नहीं पथिक मरम्मद करने हेतु रास्ता बंद है, सबके रास्ते आड़े आता है नहीं चलने देता मनुष्यों को धर्म गली पर और जब मनुष्य का पंथ रूक जायेगा तो देवो का भी राह बंद हो जायेगी और देवो के मार्ग रूकने पर सभी जल, अन्न, दूषित हो जायेगे और मनुष्य भोजन को तड़पने लगेगा मनुष्य के धर्म ,यज्ञ, ब्राह्मण भोजनो के रोकने

पर देवता निर्बल हो जायेगे और श्राद्ध के बंद होने पर पितर भी भूखे हो जायेगे सो धन धान्य की भी कमी हो जायेगी पुत्रों की भी कमी हो जायेगी सो यह मनुष्य के मार्ग रोकने के परिणाम सामने आते है जिसे कुमार्ग के पथिक रोकते है।

ब्रह्म सृष्टि जहँ लगि तनु धारी। दसमुख बसवर्ती नरनारी।।
किन्नर, सिद्ध मनुज सुरनागा। हठि सबही के पंथहिं लागा।।

(बाल. 182/11-12)

जब यह पंथ अवरोध से भर जाते हैं तब मार्ग (कैंसे) देखा जाये क्योंकि यज्ञ, होम, श्राद्व, यह तीनो परलोक के मार्ग है इन्हें असुर कुपंथी बंद करते हैं।

द्विज भोजन, मख होम सराधा। सब, कै जाइ करहु तुम्ह बाधा।

बस सभी देव भूखे मर जायेगे, यह रास्ता आज बड़े लोग बंद कर रहे है। गांव, गांव में आदमी स्कूल बनवाने लगा है।

कलेक्टर से एक माला पहिनने के लिये अपने जन्म दाता की तेरई नहीं करता, बाप की तेरई का कोई महत्व नहीं,एक सम्मान की भूख ने एक साक्षात ईश्वर पिता की तेरही से कतराते है ।

हम कहां तक संसार को पथ दिखा पायेंगे यही पाखंडवाद है। जहां विद्या के नाम पर स्कूल खुलवाये जा रहे है ।धर्म भीरू लोग शासन की यह नीति मात्र एक पुष्प माला में भूल गये और जिस माँ ने जन्म देकर पाला,मातृभाषा सिखाई उसी के सुहाग की तेरवी हम न करे और स्कूल को 25-50 हजार देकर हम बच्चो का कल्याण चाहे असंभव है यह विद्या नही तभी तो हम अपने माता पिता की पूजा करें साथ मे शास्त्रों के बताये नियम से दिन तेरई भी करे तथा उसके बाद स्कूल बनायें ।दान पुण्य का रहस्य भी समझना है, नृग राजा अनंत गौओं को देकर भी गिरगिट बना और सतयुग से द्वापर तक कूप में पड़ा रहा।

रावण यज्ञ राम ने मिटवाया ,जिस राम ने विश्वामित्र के यज्ञ की रक्षा की यह सब बहुत ही कठिन धर्म के रहस्य को समझना तो हम समझे अपने धर्म रहस्य जिस पिता ने हमें जन्म देकर विद्या धन संसार के समस्त सुख दिये है उनको मात्र एक थोड़े से सम्मान में भुला देवे तो यह धर्म दान नहीं होगा यह एक छलना है, भोली जनता को कलि वह का रहा

है। हम समझ नहीं पाते कि धर्म पथ क्या है?

इसके लिये हमें विवेक से मानस देखने पर धर्म पंथ भली भांति दिख पायेगा और धर्म की सही गलियों को देख पायेंगे। धर्म गलिं बहुत ही सूक्ष्म हैं, कभी कभी हमने अपने परम पवित्र सरलता की दिव्य स्नेहमूर्ति श्री 'सदगुरूदेव 'बड़े भगवान' जी के श्री मुख से सुना है कि 'गधों खाओ खेत पाव ने पुन्य' शब्द तो बड़े ही सुन्दर हैं थोड़े है पर अर्थ जो इस वाक्य में भरा हुआ है वह असीम है, जहाँ गौ को खिलाना पुण्य है, वही गधे को भी वरेठा द्वारा भूसा दाना खिलाया जाता है । वह उसका कर्तत्वय है ,पर क्या यहां कर्तव्य पुण्य नहीं है बात कुछ ऐसी ही समझ में आ रही है। यद्यपि भूख तो गधे, गौ की एक सी ही होती है और संसार में बड़े बड़े बड़े लोग 'गधे' बन सकते है, हो सकते हैं और विद्यार्थी तो उस समय भी 'गधा' बन जाता था, जिस समय 'ग' गणेश का पढ़ाया जाता था पर अब तो ग - गधा का ही पढ़ाया जाता है।

तब जब गधे के प्रारंभ से या ग-गमले की पढ़ाई से विद्यार्थी क्या संज्ञा पायेगा? लोग बड़ी ही सहजता में किसी से भी क्रोध, स्नेह, प्यार, प्रसंगों कह देते है ,अरे यार, "बड़े गधे हो" सुनने वाला हंस देता है ।

शायद हंसने सुनने वाला जानता है कि नवदुर्गाओं में एक सप्तम कालरात्रीं गर्दभ की सवारी पर है, सो हमारे गधे हो जाने पर 'मां' सरस्वती मेरे ऊपर सवारी कर लेगी जिसमें हम ''सरस्वती'' से विभूषित हो जायेगें ओर हमारे नाम में सन्यासियो की एक परम्परा में ''सरस्वती' जुड जाये, अपन यहां बात धर्म के रहस्य की कर रहे हैं और यहां यह सद्गुरू वाणी भी गधे खाने के ब्याज से धर्म की ही बात स्पष्ट की जा रही।

जहां अहिंसा,धर्म, हिंसा अधर्म कही गई वहीं बिच्छू को मारना धर्म भी कहा जाता है, इसी की पुष्टी में इस समय एकमेव परमहंस रामकृष्ण ने अपने एकनिष्ठ शिष्य विवेकानंद के प्रश्न के उत्तर में कहा था कि हे नरेन्द्र (विवेक) भगवान सर्वत्र सर्वगतहि जीवों में निवास करता है पर हमें 'गाय' के ईश्वर के पास जाना है ।उसे बांधना पुचकारना लगाना है पर शेर भगवान के पास नहीं जाना नरसिंह भगवान की पूजा कोई विरले प्रहलाद भक्त ही कर पाते है पर नरसिंह भगवान को मुख ही शेर का हैं ।पद तो मनुष्य के ही है अर्थात नरसिंह का 'पथ' मनुष्य का ही है जंगली

मार्ग शेर की तरह चार पैर का नहीं है अगर कहो कि शेरनी का दूध मतो शिवाजी ने लगाया था सो वह भी 'समर्थ गुरू रामहंस' की कृपा से उसमें गुरू आज्ञा गरीयसी ही समर्थ थी, अब हमें सोचना है कि आदमी गधा हो सकता है पर गधा आज गधा नहीं हुआ नही कल गधा हो पायेगा हमने अपने शास्त्रों से धर्म पुन्य पाप परखना है पर सरल नहीं है शास्त्रों में एक उपाख्यान आया है ,जिसमें सारे के सारे ऋषिगण जब धर्म के पुन्य पाप की समस्या पर उलझ गये और सुलझाये भी सुलझे नहीं तब सभी ने एक विचार किया कि 'मनु' के पास चले तब सभी मनु के पास पहुँचे और सभी ने प्रश्न किया कि हे राजन, हम लोग पुण्य पाप को नहीं समझ पा रहें। यही प्रश्न थोड़ा सा 'मानस' भी रखता और बहुत गंभीर व्यंगमय तुलसी कहते हैं।

जेहिं अध बधेउ व्याध जिमि बाली। फिरि सुकंठ सोइ कीन्हि कुचाली।

सोइ करतूति विभीषन केरी । सपने हूँ सो न राम हियँ हेरी।

(बाल. 29/6/7)

अब देखिये यहां जो पाप वाली ने किया वही सुग्रीव ने तथा वही पाप विभीषण ने भी पर मर्यादा पुरूषोत्तम राम उस तरफ सपने में भी नहीं देखा यह क्या बात है कि भगवान पापी मारते भी है और पापियों की और देखते भी नहीं उनसे परम बैरागी भरत की तरह अपनी छाती से चिपका लेते है।

इस प्रसंग से अवश्य कोई धर्म की गहरी समझ है जिसका संबंध आत्मा के भाव हो है वह रंग कर्म से नही धर्म-कर्म के आधीन नहीं हैं धरम स्वतंत्र है सारे कर्म धर्म के ही कारण क्रिया शील हो पाते हैं और अगर धर्म कर्म के आधीन होता तो सभी जीव फल पा लेते और सभी ऐश्वर्यशाली धर्म को अपने धन के आधीन कर तिजोड़ी में बंद कर लेते और कोई भी गरीब धर्म नहीं कर पाता, फिर कोई भी शबरी बेर खुवा नहीं तर पाती और कोई भी सुदामा तन्दुल देकर ऐश्वर्यशाली नहीं हो पाता अर्थात धर्म वस्तु से चरे है, ह्दय का स्वभाव है और सबसे बड़ी बात तो यह है कि धर्म भगवान की कृपा दृष्टि है।

अगर हम ऐसा कहें कि 'धर्म-भगवान की कृपा दृष्टि का ही एक नाम है तो अधिक सर्वोत्तम है। क्योंकि अगर हमारे धर्म कर्म का फल हमारे ही भाव कर्म चित्त की मांग पर होता तो आदमी नित्य ही मृत्यु से मरता रहता है ,रोज भरता एक पल भी नहीं जी पाता क्योंकि हर क्षण आदमी इतना भय ग्रस्थ है कि जिसकी सीमा नहीं, जब भी यह कोई शुभ कर्म करता तो यह उसके भीतर भय से बंधा है तथा सोचता है मै मर न जाऊँ हमारा मन इतना सशंकित रहता है। इतना भयभीत है अर्थात भयभीत (दिवाल) भय की एक चीन की दीवाल है जो एक आश्चर्य है मै तो यह कहता हूँ कि यह सारे संसार के उपदेश को चीन ने यह 'भीति=दीवाल (भीति) निर्मित की है ।

बच्चे भीत ही कहते है अगर हम और भीतरी भाव से सोचें तो भय तो जन्म से ही साथ है, हम भय नही कि भय ने जन्म ले लिया। बुंदेलखंडी में हम कहते कि भैया जिस दिन से हम 'भय हैं' तभी दुखी है या सुखी हैं और तभी से 'भव' लग गया 'लरका-भव' कि भव (संसार) ने पीछा कर लिया अर्थात भव-संसार, भव जन्म से ही साथ है तो यह भव, भय, भीति हमारे स्वभाव में भरा है जो भय धर्म के भाव से हम दबाते है पर निर्भय नहीं हो पाते चाहे कितना ही 'ज्ञान निपोरते रहे, बना डाले अर्जुन बनकर प्रश्नों के उत्तर में 'गीता' और भगवान बोलते जाये 18 अध्यायों में पर हमारा भय तभी मिटता है जब भगवान कह देते है, वचन दे देते है, प्रतिज्ञा कर कहते है कि हे जीव (अर्जुन) तू पापों से बिल्कुल न डर, मैं तेरे पापो को समाप्त कर दूगां। बस मेरी शरण आजा तभी तो पापी वाली रावण असीम पाप करके भी प्रभु चरण शरण में भर कर उनका लोक पाते हैं और यही गीता की बात मानस भी कहता है।

जद्यपि समनहिं रागनरोषू। गहहिंन पाप पूनु गुन दोषू।।
करम प्रधान विस्व करि राखा।जो जस करइ सो तस फल चाखा।।

यहां जो भगवान के लिये कहा जा रहा है कि यद्यपि भगवान को पाप पुन्य से कोई मतलब नहीं है जो जैसा कर्म करेगा वैसा फल भोगेगा पर तुरंत ही बृहस्पति-तुरंत यह कह देते है कि भगवान कर्म के फल को धर्म से नही अपने भक्त को देखकर फल देते है अर्थात कर्म धर्म के फल भगवान के ही हृदय से विचार कर मिलता है।

तदपि करहिं सम विषम बिहारा।भगत अभगत 'हृदय''अनुसारा'।
(अयोध्या 219/3/4)

हर धर्म का फल भगवान अपने हृदय से विचार कर देते है इसी में जीव जीता है, इस मानस सिद्धांत से यह सिद्ध होता है कि धर्म कर्म भगवान की इच्छा का ही प्रतिफल है।

सो हम पुण्य पाप धर्म कर्म के रहस्य को अपनी बुद्धि से नही परख सकते यही बात ऋषियों मुनियो ने विचार कर अब मनु से सत्संग किया और मनु ने उत्तर दिया कि हे मुनियो हम आप सबको क्या बतलाये आप से ही हम ने सीखा हैं सुना है सो वही हम जानते है।

शास्त्रो में कहा - कर्म जो पाप है वह पाप है।

शास्त्रों मे कहा- धर्म जो पुण्य है वह पुण्य है।

अपनी मनगणंत बातें पुल नही, 'श्रुति सेतु' श्रुति पथ नहीं है मन के अर्थो से वकील न्यायाधीश '302' का अर्थ नहीं बदल सकते पर अगर यह '302' मानस दोहा क्रमांक है तो क्या हम उस दोहे का अर्थ 'मडर' करगें कि 302 दोहे का अर्थ मृत्यू है 'कांड' तो चल ही रहा बस धारा लगाना है और आदमी 302 की संख्या जहां पढ़े लिखे और सभी जगह मृत्यु-मृत्यु ही अर्थ करता जाये तो शास्त्रों का अनर्थ हो जायेगा, तो यह अर्थ भी हमें सत्संग से सीखना होगा कहां कैसे किस प्रकार अर्थ करना है सो मानस के हम वह नेत्र, पंथ भी देख, जहां नजर मिलना हैं।

क्योंकि 'मानस' मानस की त्रिदंड से लेकर भुजदंड ध्वजा दंड राजदंड और केवल दंड से युक्त उद्दंड की एकको दंड संहिता है लोक परलोक की जितनी धाराये है वह सभी कांडों मे बह रही है और कान्डो का उत्तर - उत्तर कान्ड है जहां कहा गया है।

एहि महँ रूचिर सप्तसोपाना ।रघुपति भगति केर पंथाना।।
(उत्तर 129/3)

इस मानस में जो सात (7) कांड है वही मानसरोवर की सात सीड़ियां है 'सोपान' है सो-पा,न् सोपा, ना उसको पाने का प्रयास कर सोया - उसे पा पर अगर 'न' ही पा पाता तो वह सोपान का अर्थ ही नही समझ रहा है। यही सोपान 'मानस कांड हे जीवन में मनुष्य के कांड 7 ही होते है इनके बाद 8 वां कांड अभी मनुष्य रच नहीं पाया मनुष्य के शरीर की 7 धातुयें

ही है जो अपन अपने रास्ते से बहती है। सिरा हों य धमनियां पूरा मानस 7 विभागों मे बटा है जिनके अपने अपने स्थान हैं

शिर - 1 पैर - बालकांड

हृदय - 1 उदर - अयोध्या

उदर- 1 छाती (फेंफड़ा) अरण्य

पैर- 2 हृदय - किष्किन्धा

हाथ- 2 स्कन्ध - सुन्दर

मुख - लंका

ब्रह्मरध्र - उत्तर ....

यही मानस का पूर्ण अंग है, इन अंगो के साथ ही यह मानस जो 7 कांडो में है ,वह भक्ति के 7 पंथ रास्ते मार्ग हैं, यह अर्धाली उत्तर के उत्तर में जब प्रश्न बना कि मानस है क्या, तो तुलसी ने अपने उत्तर में यही कहा कि यह मानस के 7 कांड भक्ति के 7 रास्ते हैं, अब हम वह संपूर्ण गली देखें। जिन गलिंयो से हमें अपनी रूचि अनुसार भगवान के पास पहुँचना।

यह जिस गली से जन्म ग्रहण करना है मृत्यू के मुख में जाना है, संसार की संपत्ति पाना है। यह योग भोग की समस्त गली मानस में निहित हैं हम ढूढे देखे यह गलियां कहां छिपि है जिसे भगवान श्री राम ने स्वयं कहा "हरित भूमि तन संकुल समझि परहिं नहिं पंथ' अब इस हरि तमा के नीचे गली है उन्हे उघारें पर क्या हमारी इसी नजर से वह पंथ दिख जायेगा कि और दूसरी नजर है जिससे वह पंथ दिखेगा।

मानस दृष्टि –

सप्त प्रबंध सुमग सोपाना। 'ग्यान नयन' निरखत मन माना।

(बाल. 37/1)

'मानस भीतर' जो भक्ति के 7 पंथ है वह ज्ञान से ही देखने पर देखे जा सकते हैं। मात्र चर्म चक्षुओं से नहीं यह आंख स्वयं एक मार्ग है जिससे रूप श्रृंगार जाता है विरह आंसु आता है । अगर आखें यह 'नयन' धन्य रे यह नेत्र का परयाय जिसके पलटने पर भी 'नयन' ही रहता है। पर अगर इस मार्ग से प्रभु रूप नहीं देखा गया तो फिर यह नयन , नयन नहीं मोर के ही पंख मानो शिव भगवान पार्वती जी से कहते है जो 'कमल नयना'

है। जिन्होने प्रभु को विरह में रोते देखा हे आंसु बहाते देखा है और दिव्य झांकी भी निरखी है। यह इन्द्रि द्वार भी एक रास्ते हीं है जिनसे अलग अलग राही बटोही जाते है। श्री जू महारानी जब प्रथम बार राम के रूप को देखती है तो अपने लोचन मग - आखों की 'गली' से हृदय में लाकर बसा लेती है और परम 'सयानी' होने के नाते पलक बंदकर मानो कपाट भी लगा लेती है यह कपाट लगाना बहुत ही गंभीर बात है जिसमें बहुत ही रहस्य भरा है।

लोचन मग रामहि उर आनी। दीन्हे पलक कपाट सयानी।।

(बाल. 232 /7)

यहां सीता ने राम को देखा और 'लोचनमग' (गतिं) से हृदय में बसा लिया पर 'सती' देखकर भी गति का ज्ञान न होने के कारण राम को अपनी आंखों के रास्ते से भीतर हृदय में नहीं रख सकी क्योंकि रास्ता की जो आस्ता है 2$ आस्ता' रं- राम मे जो आस्ता है वही सत्य में 'रास्ता' है, तो यहां तो नजर में तर्क भरा था राम किस आस्ता से रास्ता ढूढ़े और हृदय में वास करें।

नयनन्हि संत दरस नहिं देखा। लोचन मोर पंख कर लेखा।

(बाल./113/3)

शिवजी कहते है, हे सयानी सती तुम अपनीतर्क बुद्धि को त्याग कर, आखों की नजर ठीक करो राम तर्क के रास्ते नहीं आते,वह अतर्क श्रद्धा में दिखते हैं

राम अतर्क बुद्धि मनवानी। मत हमार अस सुनहि सयानी।

(बाल. 121/3)

अब यह मानस 'तर्क ज्ञान से नहीं' श्रद्धा भाव रस से ही प्रवाहित होता है। यह ज्ञान भी ज्ञान है पर इस ज्ञान का नाम ' श्रद्धा' है भाव, स्नेह का प्रेम है जिसमें केवल 'ओम' ही ओम है। एक उदगीथ है ध्वनि है, अक्षर की जिसे श्रुति सगुण में वेद कहते है, इसी वेद पथ के सेतु को भगवान श्री राम रक्षा करते हुये चलते है, यह ज्ञान हमें हृदय के दिव्य नेत्रों से ही हो सकता है और दिव्य नेत्र ज्ञान बिना सदगुरू के संभव नही और वह ज्ञान जो सदगुरू ने हमें दिया है उसका ज्ञान बिना वेराग्य के संभव नहीं।

बिनु गुर होइ कि ग्यान -ग्यान कि होइ विराग बिनु।
गावहिं वेद पुरान सुखकि लहि अहरि भगति बिनु।।

(उत्तर 89/ सोरठा)

तो अभि सर्व प्रथम हम गुरू ज्ञान लेवे तब उस ज्ञान की नजर से हम 'मानस' के भीतर छिपे भक्ति को 7 गलियां देख पायेगें।

श्री गुरपद नख मनि गुन जोती। सुमिरत दिव्य दृष्टि हियँ हो होती।।

उधरहिं बिमल बिलोचन हीके। मिटाहिं दोष दुख भव रजनी के।।
गुरूपद रज मृदु मंजुल अंजन। नयन अमिअ हग दोष बिमंजन।।

इस गुरू पद रज़ के अंजन से हमारी लोकिक तार्किक बुद्धि मंजकर श्रद्धा से भर जायेगी और आखें के लगे अंजन से आंख,जो हृदय में है उससे मानस के गुप्त खाने, भक्ति के 7 (सातों) मार्ग दिखने लगेगे। क्या हम यह नहीं जाने कि मात्र आंख नहीं देख पाती उसके भीतर जो एक और विवेकवती बुद्धि होती है वह ही देखती है, जिस प्रकार जो भाषा हम नहीं पढ़े उसके अक्षर हम नहीं पहिचान पाते, न ही उन्हे अपना बोलने का माध्यम बना पाते है, जिस प्रकार अंग्रेजी में लिखा 'सहारा' (SAHARA) हिन्दी पढ़े के लिये करिया अक्षर भेंस बराबर ही मालूम होता है ।

इसी प्रकार 'मानस' के अक्षर अर्धाली दोहे सभी एक अक्षर छंद समूह काव्य है उसके भीतर जो अर्थ भरा है वह उसी प्रकार अदृश्य है जिस प्रकार हमारी नाड़ी हमारे हाथ में, हम उसे टटोल सकते है, धड़कन घड़ी के सैकिन्डों में भी गिन सकते हैं पर हमारे हाथ में वैद्य जैसा बात पित्त कफ ज्ञान का रूप नहीं होगा। हमारी अंगुलियां कफादि का भेद नहीं परख पायेगी क्योंकि यह ज्ञान अनुभव हमें किसी सदगुरू वैद्य से ही प्राप्त हो पायेगा सभी तो शरीर के रोगों को जानने के लिये, सदगुरू को वैद्य कहा गया है।

सद गुर बैद वचन बिस्वासा। संजम यह न विषय कै आसा।।

उत्तर 122/6

बस यही एक भेद जो हमारे नाड़ी ज्ञान में है वही सभी जगह है नाड़ी की गिनती गिनना अलग है और उसकी चालकी जो गति है उस गति

में वात पित्त कफ जानना अलग बात है ज्ञान और अनुभव में बहुत ही अन्तर है। तभी तो कागभुषुण्डि जी कहते है कि हे गरूड़ अब हम तुम्हे निज अनुभव सुनाते जब संपूर्ण कथा का इतिहास जब पूर्ण हो गया तब - तो निश्चित है कि कथा का जो अनुभव हुआ रामचरित्र जो जाना समझा वह बताते हैं।

निज अनुभव अब कहउँ खगेसा। बिनुहरिभजन जाहिं कलेसा।।

(उत्तर 89/5)

यहां हम केवल कागभुषुण्डि जी के अनुभव की ही बात कर रहे है बाकी इन्हे क्या अनुभव हुआ वह अपन जो मानस में 7 भक्ति के पथ है सो उस सातवी 'गली' जो भुषुण्डि को उसी में विस्तार से चर्चा करेगें। हमें यहां इतना समझना है कि अनुभव ही देखना है, अब अनुभव क्या है उसे हम यों कह सकते है कि जो पीछे से हुआ है।

अनु- पीछे

भव - होना

जैसे पुत्र भव है भवर (संसार) में भव है भव तो है पर अनुभव नही सारे अनुभव उसे चलते चलते पीछे-पीछे होते जायेगे अर्थात जन्म के बाद जो ज्ञान होता है उसे हम अनुभव कहते है, अगर यह बात हम नहीं समझ नहीं पाते तो एक बड़ी ही सुन्दर बात हमारे सदगुरू भगवान सुनाते थे, जिस बात में पूर्ण रूपेण अनुभव की ही झांकी है और हम अनुभव का भी अनुभव कर लेगें जिस प्रकार हमें अपने ही जन्म का अनुभव नही है हमें अपने जन्म के अनुभव के लिए बहुत ही प्रतिक्षा करनी ही होगी तथा उस अपने जन्म के अनुभव के लिए स्वयं पराधीन हैं । उसे एक अभिन्न सहायक भी एक की जरूरत होगी ही अगर हम अपने जन्म के जन्म का अनुभव करना है।

कभी भी कोई ब्रह्मचारी स्वप्न में भी अपने जन्म का अनुभव नहीं कर सकता इसी कारण हमारा कोई भी इष्ट ब्रह्मचारी, सन्यासी नहीं है सभी अपनी अपनी गृहस्थी के साथ बैठे है बाल, बच्चे लिये यही बाल बच्चों की टोली एक दिन अनशन कर बैठते हैं और माता पिता से पूछते है कि हे मां हम तुम्हारे पुत्र है कि पिता के ? मां कहती है बेटे तुम दोनों के ही पुत्र हो पुत्र कहता यह कैसे संभव है मैं तो तुम्हारे पेट से पैदा हुआ,

माता, खूब समझाती है पर पुत्रों की यह बात समझ में नहीं आती मां के पेट की बात दृढ़ हो चुकी है सरल हृदय बालक यद्यपि माता आनंद ले रहे है पर बालकों को गुत्थी किसी भी तरह नही सुलझती तब सभी बालक सदगुरू के पास पहुँचते हैं ,साथ माता पिता होते है, प्रश्न गुरू के सामने रखा गया और गुरू तो संशय को दूर करने का ही नाम है सो उन्होने दो तरह से कहा पूर्व तो खेलते हुये बच्चो अपन ताली बजाकर कीर्तन करे प्रभु नाम लें ताली बजी आवाज आई फिर गुरूजी ने एक - एक बच्चे से अलग अलग ताली बजवाई अपनी ताली की आवाज सुनो तब सभी बच्चे आनंद में डूब गये, सुनो बच्चे 'हम कहते है कि कभी 'ताली एक हाथ से नहीं बजती' देखो ताली की जो आवाज उत्पन्न हुई वह दोनो हाथ ताली को ढोका गया है दोनो की मार से ध्वनि उत्पन्न हुई हे यही तो जोग जुगत गुरूदेव बताई। यह ताली यथार्थ में संशयों को मिटाती है भगवान शिव स्वयं कहते हैं,

राम कथा सुंदर करतारी। संसय बिहग उड़ावनि हारी।।

(बाल. 114/1)

यही बात भगवान श्री राम भी कहते हैं, हे लक्ष्मण समस्त संशयो के जितने समूह हो सकते है वह सभी सदगुरू के मिलने पर दूर हो जाते है।

भूमि जीव संकुल रहे गए सरद रितु पाइ।सदगुर मिलें जाहिं जिमि संसय भ्रम समुदाइ।।

(किष्कि.. 17/2)

इसके बाद गुरू ने एक और सरल युक्ति बताई बालको अपनी अपनी 'स्लेट' उठाओ और पेसिंल भी लाओ, हम जो बोले वह लिखो, गुरूजी ने बोला 'क' लिखो विद्यार्थी पूँछता है गुरूजी 'क' लिखें, गुरू क लिखना है, बताओं न यह एक गंभीर बात है गुरूजी ने हाथ पककड़कर लिखा दिया, फिर उन्होने अपने हाथ से लिखा खूब पेन्सिल गड़ाकर जब स्लेट में 'क' लिख गया तब गुरूजी ने कहा- क्यों बेटा यह सिलेट में जो क लिखो है सिलेट में दिखने वाला क पेन्सिल ने लिखा पर लिखा है वह सिलेट पर तो बताओ तुम्हारा 'क' किसने लिखा सिलेट ने या पेन्सिल ने बालको को ज्ञान तो हुआ कि ककार दोनो सिलेट पेन्सिल से 'बना' है पर अभी संतोष नहीं हो रहा कि हम कैसे दो की संतान होगे?

तब गुरूजी ने कहा बेटा यह प्रश्न तो तुम्हारा पुत्र बतायेगा तब तक तुम्हे प्रतीक्षा करना है।

यही से प्रतीक्षा का जन्म हुआ है कई प्रश्न प्रतीक्षा की दीक्षा में हल होते है तभी तों 'पिता को पितर कहा जाता है अर्थात जो पुत्रों के द्वारा सीखते है पुत्रों के द्वारा जन्म लेते है सो उन्हे पुराण पितर कहते हैं।

इन सभी विचारों से हम अनुभव की रास्ता पर पहुँच गये,आ गये ज्ञान होते हुये जब तक अनुभव नहीं होता। तब तक विश्वास परिपक्व नहीं होता और जब तक विश्वास दृढ़ नहीं होता तब तक भक्ति की अचल नहीं हो पाती।

जानें बिनु न होइ परतीती। बिनु परतीति होइ नहिं प्रीती।
प्रीति बिना नहिं, भगति ढिढ़ाई। जिमि खगपति जल कै चिकनाई।।

(उत्तर 89/7-8)

अभी जो हम 'मानस' के कांडो में, कान्ड देखते रहे हैं अब उन्हे हम भक्ति को 7 गलिंया देखें और उन गलिंया से कौन पथिक- बटोही चला है क्या हम वह गली रख सकते हैं और अपने गन्तव्य पर पहुँच सकते है चलो चले उस चाई माई के खेल में जहां-

हमने बचपन में खेला था और बुढ़ापें में समझा था तुलसी की मानस वाणी से अगर है बचपन में खेले नहीं तो उस 'खेल' का अच्छा रहस्य मन नहीं बैठ पाता तो बचपन का खेल अनिवार्य है। भगवान भी कौए के साथ खेले, बस बालकान्ड में खेल कर और वृद्धावस्था में उस खेल को उलटा कर देखे 'लखे' फिर जो लखे वही खेल खेले और 'खेले' अर्थ थल में केवल एक खेल ही होता है पर जल में नाव के साथ हो जाने पर यही खेले गये खेल नाव-खेले केवट नाव खेते खेते हमे पार कर देता है तो हम भी अपनी जीवन नाव प्रभु नाव से खेले और पार हो जायें।

खेल- खेल का एक सिद्धांत -

बालक भ्रमहिं न भ्रमहिं गृहादी।कहहिं परस्पर मिथ्याबादी।।

(उत्तर 73/6)

कभी भी गृह नहीं घूमते हम बालक जब घूमते है, 'चाई माई' खेलते है और गिर पड़ते है तब हमें घर घुमाई देते ही दिखते है, इसी खेल में बिचारे कौआ दादा सप्तवरण भेदकर घूमते रहे अनंटी ब्रहमांडो में और भगवान

अयोध्या में खेल रहे बालक बनकर अखिल ब्रह्माण्ड नायक परम पिता परमेश्वर घर बालक बने है। बाल कांड रचने को अब यहां पर कौन भक्ति का पथ है, कौन गलि है?

वह और उस गलि पर कौन पथिक चला है?

जिसने परम पिता को 'बालक' बना लिया धन्य रे यह भक्ति की प्रथम 'गलि' पथ

प्रथम भक्ति की प्रथम गलीं, भक्त प्रथम संसार।
मनु मनुष्य सों, सब बने, पुत्र दयालु अवतार।।

बड़ी विचित्र बात है जहां भक्ति तो 9 हैं पर गली उसको पाने के लिये 7 ही कही जा रही है, 7 पंथों से 9 जगह हम पहुँच जायें तो गंभीर बात है।

यह यो कहा जायेगा कि प्रत्येक भक्ति की 7-7 गलियां है। ये 7 पंथो से एक भक्ति ही पाई जाने वाली हो सकती है, 7 का संबंध वैसे भी अभिन्न है हमारे विवाह में जो भांवर पड़ती हैं वह 7 ही होती है क्योंकि पति का संग पत्नी के लिये 7 लोक तक पहुँचना रहता हैं, जहां रहे 7-7 रहें।

सात रहें साथ रहें, साथ सात सब लोक।
साथ न छूटे सात का , नहिं दयालु पथ रोक।।

यह जो प्रथम गलि है जिसके पथिक 'मनु शतरूपा' यह पथ बहुत ही सुन्दर है जिस पथ दो लोग गये पर पथ एक ही रहा पथिक दो भक्ति दो यह दम्पति जोड़ा अद्विवतीय हें, जिसने प्रथम अपने गृहस्थ जीवन का धर्म निभाया सारा परिवार पुत्र पुत्रियां परम भक्त होता गया, जिसमें धुव एक बालक रहे। जिन्होने मात्र 6 माह में ही प्रभु दर्शन कर लिये अगर नाति भक्त हुआ तो पुत्री भी देवहूति ने भी आदि देव को अपने जठर से जन्म दिया यह कुल पूर्ण रूपेण भक्ति का ही पथिक रहा है। सूर्य वंश सूर्य के समान ही तेजस्वी होता आया है, यह गृहस्थो का भक्ति पथ है जहां भगवान के दर्शन करके उन्हें पुत्र भी बना लिया वाह री भक्ति बल, जहां ऋषि मुनि केवल भगवान के दर्शन बड़ी दुर्लभता से कर पाते हैं वहां यह पंथ कितना सुलभ है कि अखिल ब्रहमांड नायक भक्त का भक्ति से पुत्र बन जाता है। यह दोनो मनु शतरूपा सांसारिक विषय भोगो को भोग-भोगते हुये थक गये पर वैराग्य नहीं हो पाया, अर्थात भोग भी अपने ही

सुखों से ऊब जाता है थक जाता है और फिर चिल्लाने लगता है भक्ति मां को दोनो प्राणियों ने जबरन अपने पुत्र को राज गद्दी पर बैठाकर वन की राह ली और वानप्रस्थ जीवन की पद्धति को मनकर चल पड़े जिनका साक्षात रूप मानो ऐसा लग रहा कि यह दोनो - मनु ज्ञान शतरूपा भक्ति अब कितनी अभिन्नता हो गई जहां भक्ति को करने जा रहे हैं पर स्वयं भक्ति रूप तो गये तो भक्ति की तदरूपता कितनी विचित्र बात है कि पथिक पथ हो गया भक्त भक्ति बन गया ओर दोनो स्त्री-पुरूष भक्ति के पथ से गुजर रहे है जो एक बहुत ही बड़ा आश्चर्य है, क्यों जिस प्रकार पत्नि भोग में शामिल रहती है उस प्रकार भक्ति योग में नहीं रह पाती, तो कोई ही हो जाते है शंका बंका जो सामने पड़े धन के ऊपर भी धूल डालते है, पर पत्नि कहती अरे स्वामी यह तुम कर रहे हो जो " धूल पर धूल' डाल रहे हो शंका रहे शंका पर पत्नी बन गई बांका।

आज देखो गृहस्थ की झांकी, जो अभी-अभी भोगो के ऐश्वर्य में रत थे वह -

पंथ जात सोहहिं मतिधीरा। ग्यान भगति जनु धरे सरीरा।

(बाल.143/4)

इन्होने प्रथम तीर्थ नियम से गोमति में स्नान कर, पुराण सुनना प्रारंभ कर दिया और इसके बाद 'ओम नमो भगवते वासुदेवाय" मंत्र का अखंड जप प्रारंभ कर दिया।

यह कार्य फलाहार करते हुये कर रहे हैं फिर फलाहार त्यागकर मात्र जल ही लेने लगे इस प्रकार से जल पीते हुये 6 हजार वर्ष बीत गये तब 7 हजार वर्ष तक वायु का ही आधार रहा अर्थात अब प्राण वायु ही आधार है इसके उपरांत यह वायु भी त्याग दी और फिर 10 हजार वर्ष तक बिना वायु के ही एक पद पर खड़े रहे।

इस प्रकार भक्ति का तप 23 हजार वर्ष हो गया और ब्रह्मा विष्णु महेश बार-बार मनु के पास आते है पर वह अपनी समाधि से बाहर नहीं निकल पाते वर की कौन कहें, अब केवल हाड़ बचे है और ध्यान लगा है जिसमें कोई नाम रूप की बात नहीं कही जा रही है, मनु वह देखना चाहते है जो शिव के हृदय में वास करता है जिसकी पद रज़ ब्रह्मा विष्णु महेश भी अपने शिर पर रखते है

जिसके लिये सभी मुनि ऋषि साधना करते हैं जो भुषुण्डि के मानस के हंस हैं, सभी आगम निगम जिसकी निर्गुण सगुण से प्रशंसा करते हैं, जिसके एक अंश से अनंत ब्रह्मा विष्णु महेश प्रगट हो जाते है, जिसके लिये वेद नेति नेति कहता है वह निजानंद निरूपाधि और अनूप जिसको परमार्थवादी निर्गुण अखंड अनंत और अनादि कहते है ऐसा प्रभु अगर भक्त के हेत में शरीर धारण करता है सो अगर श्रुति का यह वचन सत्य है तो हमारी कामना पूर्ण हो, अब यहां मनु केवल अक्षरो का प्रतीक लिये है शब्द ब्रह्म के सहारे ध्यान मग्न हैं नाम तो दिया नहीं पर मनु के जो भाव थे उससे प्रथम आकाश वाणी होती है और मनु पूर्ण स्वस्थ्य हो जाते है मानने अभी अभी भवन से ही आये हो और भगवान जो शिव के हृदय में बसते उसी रूप में प्रगट होते हैं।

भगत बधल प्रभु कृपा निधाना। विस्वसास प्रगटे भगवाना।
बाम भाग सोमति अनुकूला। आदिशक्ति छवि निधि जगमूला।
भृकुटि बिलास जासु जग होई । रामबाम दिसि सीता सोई।।

यह भक्ति का दाम्पती पथ जो 'वात्सल्य' भाव को गलिं है। अगर हम ब्रह्म को पुत्र बनाना चाहते है तो उसकी रास्ता यही जिसके द्वारा जीव भी ब्रह्म को अपना औरस पुत्र बना सकता है यह बात सत्य है हम लोक में देखते है कि भैया यह 'नाति' तुम्हारा हमारे बब्बा स्वप्न देकर आये है जब भगवान पत्थर से निकल सकता है तो चेतन के उदर से नहीं यहीं तो शतरूपा ने उपहास किया था कि हे प्रभु आप ब्रह्मा विष्णु के भी जनक हैं फिर मेरे उदर में कैसे ....

तुम्ह ब्रह्मादिक जनक जग स्वामी। ब्रह्म सकल उर अंतरजामी।
अससमुझत मन संसय होई। कहा जो प्रभु प्रवान पुनि सोई।

(बाल. 150/6-7)

शतरूपा का यह संशय तब उठा जब राजा मनु ने भगवान से पुत्र होने का वरदान मांगा और भगवान ने पुत्र बनना स्वीकार कर लिया और देवी शत से पूछते है कि तुम्हे क्या चाहिए, यद्यपि हां हां मे मिला दी थी पर 'अखिल ब्रह्माण्ड नायक के सामने झिजक तो होगी ही आपु

सरिस खोजो कह जाई। नृप तब तनय होब मे आई।

(बाल.150/2)

यहां मनु की झांकी में यह 'राम' तथा आदि शक्तिश्री जी महारानी ब्रह्मा विष्णु महेश से पूजित जो निर्गुण थे अभी तक उन्हे कोई भी तप करके भक्ति द्वारा सगुण नहीं कर पाया था उन्हे इन्होने अपने भोग योग की गलि से चलकर पुत्र बना लिया और सगुण वात्सल्य भाव की झांकी बनाली जो झांकी प्रलय में ही एक वट पत्र पर होती जिसमें वह अपने ही पैर का अगूंठा चूसते है पर आज तो वह 'शतरूपा' के रूप में उनकी गोद में खेल रहे है अगर हम ऐसा कहें कि आनंद का भाव आज सगुण हो गया है 'उथा सकतो संसार में रहे पर इस 'वात्सल्य' भाव को जन्म देने वाला एक मनु महाराज तथा शतरूपा ही हुये धन्य रे यह एक सत्य प्रेम की गलि वात्सल्य भाव में -

व्यापक, ब्रह्म, निरंजन, निर्गुन, विगत विनोद।
सो अज प्रेम भगति बस कौशल्या कें गोद।।

(बाल- दो- 198)

यह गली सुन्दर पवित्र और प्राचीन है सहज और सुगम है तथा विवेक तो क्या अलौकिक विवेक से परिपूर्ण क्यों कि विवेक ही प्राण, जीवन है अविवेक ही मृत्यु है भले सत्य हो विद्या हो संजीवनी मंत्र हो पर अगर हमें गली का विवेक नहीं है तो - सत्य प्रेम भी मारा जायेगा मृत संजीवनी भी मृत हो जायेगी यही कारण है कि राजा मनु सत्य प्रेम भक्ति में मृत्यू को प्राप्त होते हैं पर कौशल्या राम के साथ - साथ रहती हैं।

बंदउॅ अवध भुआल, सत्य प्रेम जेहि राम पद।
बिछुरत दीन दयाल, प्रिय तनु तृन इव परिहरेउ।

(बाल. 16)

अगर यहां दशरथ सत्य प्रेम भक्ति हैं, तो कौशल्या, विवेक युक्त प्रेम भक्ति है।

तभी तुलसी कहते है

विद्या पढ़ी संजीवनी मति के निकले हीन।
बिनु विवेक मारे गये तुलसी वन में तीन।

अगर ऐसा कहा जाये कि अविवेक ही मृत्यु है और विवेक ही जीवन है तो अतिशयोक्ति नहीं कही जायेगी, वैदिक है हम विवेक से ही जानते है कि आत्मा सदा अजर अमर है, मानस इसी बात को पुष्ट करती है कि

आज आदमी इस विवेक को जो मनु पत्नि शतरूपा ने पाया उसको पाले जान ले तो मृत्यु नही न विधवा का दुख बल्कि एक सच्चिदानंद की गली में बैठ जाते हैं

मातु विवेक अलौकिक तोरें। कबहूँ न मिटिहि अनुग्रह तोरें।।

(बाल. 151/3)

जो प्रभु अंतर जामी है और वह कहे कि तुम्हारा यह अलोकिक विवेक कभी भी नहीं मिटेंगा तो निश्चित है हम विवेक पा जाते है तो अमर जीवन भी पा लेते है प्रभु द्वारा विवेक की प्राप्ति ही 'अमरत्व है और इसी विवेक में हम देख लेगे कि प्रभु अन्तरजामी है अर्थात भीतर जमने वाले उंगने वाले जिस प्रकार अन्नादि बीज जमीन के भीतर से बाहर जमते है पर भगवान तो 'अन्तरजामी' है, अन्दर जामी' अन्दर जमने वाला अगर गर्भ में आ गया तो अपने नाम को ही सार्थिक कर रहा है नाम के आधीन ही रूप होता आया है। अब जब अन्तरजामी प्रभु अज भी जन्म लेकर मानव शरीर में आता है तो हम सारे के सारे 84 लाख जीव भी इन्ही सब 84 लाख जोन गली है ।उनसे जन्म ले लेकर संसार में आते रहेगें, यह 84 गली अनादि काल से शाश्वत हे स्वनिर्मत हैं यह गली किसी ने बनाई नहीं है पर जीव चले आ रहे है ,चलते रहेगे दो, क्योंकि यह गली आनंद से ओतप्रेत है और जीव का स्वभाव है। वह आनंद खोज रहा है हर गली में आनंद ही चाहता है, जहां जिस गलि में सत्त चित्त आनंद पर ब्रह्म परमानंद स्वरूप अखिल ब्रह्मांड नायक को भी आनंद है। जिस आनंद को वशिष्ठ उनके नाम रखते समय बखान करते है तथा फिर स्वयं राम अपनी विश्वस्तरीय महासभा में बखान करते है, कि यह 'मानव' जन्म गली का जन्म 'मानस' तन कितना सुन्दर आनंद कोश है, यद्यपि वृ.आ. उपनिषद में आनंद की संख्या शत (100) गिनाई गई है।

देखें

स यो मुनष्याणां राद्धःसमृद्वो भवत्यन्येषामधिपतिः सर्वैर्मानुष्यकैर्भोगैः सम्पन्नतयः समनुष्याणां परम आनन्दोऽय येशतं।।

(अ. 4 ब्राह्मण 3 पृ.1004 वृ.आ.उप).

वह जो मनुष्यों में सब अंगो से पूर्ण समृद्ध दूसरों का अधिपति और मनुष्य संबंधी संपूर्ण भोग सामग्रियों द्वारा सबसे अधिक सम्पन्न होता है। वह मनुष्यों का परम आनंद है अब ऐसे मनुष्यों के 100 आनंद हैं। यहां उपनिषद आनंद की विस्तृत व्याख्या लिखता है जो अत्यंत गहरी है।

आनंद का क्रम बहुत ही सुन्दर रूप सें "याज्ञवल्क्य" जी जनक से कहते है हम इन आनदों को जानकार 'परमानंद परसपुराना' की कोई भी झांकी फिर शेष नहीं रह पायेगी यहां आनंद का पूर्णरूपेण जानना अनिवार्य है कि 84 लाख जन्मों की गलीं सभी अपनी जगह आनंद से भरी है।

अब हमारे 100 आनंद जो हमारी पूर्ण प्रगति के ऐश्वर्यत्व में हैं, वह हमारे 100 आनंद पितरो का आनंद है। पितरों के 100 आनंद गन्धर्वो का 1 आनंद है और गन्धर्वो के 100 आनंद, कर्म के द्वारा अर्थात जिन्होने 100 यज्ञ करके ही देव पद पाया है वह 'कर्म देवताओ का 1 आनंद है और इन कार्मेष्ट देवो के 100 आनंद का एक आनंद 'आ जान' देवों का है ''आजान' देव वह है जो जन्मजात देव है।

यही इस्लाम की खोज थी जिसमें वह 'आजान'(अजान) करते है

अजान से आजान देव को जानने का एक प्रयास साधना जो बहुत ही खोजपूर्ण थी पर आज तो केवल 'यवन' ही शेष है यव-न जौ नहीं 'यज्ञहीन परम्परा' केवल शब्द से अजान हम अपने नैष्टिक शब्दो को परखे समझें।

शब्द विवेक का रतन पारखी, है कोई गुरू का 'लाल' लाल को क्या परखे, कंगाल।।

शब्द ब्रह्म है उसे समझो, जानो परखो उसकी आत्मा में जाओ इन आजान देवो के 100 आनंद प्रजापति का 1 आनंद है और प्रजापति के 100 आनंद, ब्रह्मलोक का 'एक' आनंद है, इसे ही परमानंद कहते है।

इस परमानंद स्वरूप को भगवान शिव ने पार्वती के लिये बताया है।

राम ब्रह्म व्यापक जग जाना। परमानंद परेस पुराना।
राम सच्चिदानंद दिनेसा। नहिं तहँ मोह निषा लवलेसा।
सहज प्रकाश रूप भगवाना। नहिं तहँ पुनि विग्यान बिहाना।

'पुरूष' प्रसिद्ध प्रकाशनिधि, प्रगट परावरनाथ।
रघुकुल मनिमम स्वामि, सोइ, कहि सिवँ नायउ माथ।

(बाल. 116 दोहा)

जहां ब्रह्म लोक सपूर्ण आनंद का घर है वहां 'राम' इन ब्रह्माजी के कोटि गुने से भी अनंत रूप है।

रामु काम सत कोटि सुभग तन। दुर्गाकोटि अमित अरिमर्दन ।
भार घहन सतकोटि अहीसा। निरवधिनिरूषम प्रभुजगदीशा।।
निरूपमन उपमा आन राम समान रामुनिगमक है।
जिमि कोटि सत खद्योत समरवि कहत अति लघुताल है।

राम आनोपमा है राम के समान राम है पर वह भाव के बस है जिस भाव से उन्हे कोई पुकारे वह वही रूप बनाकर आ जाते है ,यहां 'वात्सल्यभाव' से मनुशतरूपा ने स्मरण किया वह जन्म ले लेते हैं।

भाव वस्य भगवान सुख निधान करूना भवन।
तजि ममता मद मान भजिअ सदा सीता रवन।।

(उत्तर. 92)

यही सच्चिदानंद भगवान जगदीश दशरथ अजिर में प्रगट हैं ,जिसके नाम में - आनंद सिंधु कहा जाता है और राजा तो सुनते ही 'ब्रह्मानंद' माना पर भगवान ब्रह्मानंद से आगें सच्चिदानंद है तदर्थ यहां 'समान' शब्द प्रयोग में लाया गया है धन्य रे 'मानस'

दसरथ पुत्र जन्म सुनिकाना। मानहुं ब्रह्मा नंद समाना।

(बाल. 193/3)

जो आनंद सिंधु सुखरासी । सीकर तें त्रैलोक सुपासी।।
सो सुखधाम राम असनामा। अखिल लोक दायक विश्रामा।

(बाल. 197/5-6)

यहाँ मानस में राम को आनंद का सिंधु एवं 'सुख' का घर कहा जा रहा है, जो अत्यंत गंभीर बात है बाकी सभी तीन भाईयों को एक - एक ही गुण कहें हैं

विश्व के पेट जो भरे, वह भरत
जिसके स्मरण से शत्रु नाश हो, वह शत्रुधन
पर लक्ष्मण के लिये 3 गुणो से कहते है। शुभ......लक्षणों का घर

राम के प्रिय एवं सारे जगत के आधार जो है वही लक्ष्मण है। यह राम जो आनंद सिंधु हैं, आत्मा के लिये सुख के धाम हैं, इस मनुष्य शरीर के लिये समस्त प्राणियों के शारिरिक सुख के धाम है, जो आज मानव तन में विराजे हैं और मानव तन की विशेषता कहते हैं। जो 84 लाखस योनियो से ऊपर है यह पूर्ण स्पष्ट होती है।

आकर चारि लच्छ चैरासी । जोनि भ्रमत यह जिव अविनासी।

यह 84 लाख गलियों से चलता चलता भ्रमत - भ्रमण से थककर काल, कर्म, गुण स्वभाव के घेरे में माया से प्रेरित हो होकर चक्कर काट रहा है, कितनी गलियों से घूमता हुआ,यह गलियां गिनती 84 लाख है ,इसमें कोई गली ऐसी नहीं जो आने वाले जीव को आनंद देती हो और उसके माता पिता को सुखदायी न हो हर जीव आनंद सुख की गली से ही संसार में आता है, पर वह जीव विरले है जो अपने जीवन में सुख आनंद की गली से चलते हैं पर आनंद सुख को भोगकर ही आनंद के साथ परलोक पहुँच पाते है। यह जीव आनंद और सुख की राशि है पवित्र है।

तभी तो राम कहते हैं।

बड़े भाग मानुष तनु पावा। सुर दुर्लभ सब ग्रंथिन्हि गावा।

आकर चरि लच्छ .... 84 लाख

फिरत सदा माया का प्रेरा। काल, कर्म सुभाव गुन घेरा।

कबहुँक करि करूना नर देही। देत ईस बिनु हेत सनेही।।

(उत्तर 43/44/3-45)

मनु शतरूपा जिस ग्यान भक्ति की गलि से चलकर परब्रह्म को पुत्र बनाने में समर्थ हुये और "वह ब्रह्म मनुष्य तन में" आकर एक 'गली' (पथ) बताता है, कहकर भी और करके भी यही प्रथम पथ है ।मानस का जिसे 'रामचरित्र' कहा जाता है जो राम चरित्र भक्ति के 7 पंथो से प्राप्त होता है, वह नवधा भक्ति ही एक 'शबरी' है 'नव' संख्यावाची भी है और 'नव' नव - 'नवीन' सदा 'एक रस' के अर्थ में भी है 'तांश' में 'नहाँ और 'नहला' के अर्थ भी संयुक्त है यह हम आगे देखेगे अभी हम मनुष्यता का पथ जिसे राम बता रहे हैं।

एक बार रघुनाथ बोलाए। गुरद्विज, पुरबासी सब आए।

बैठे गुर मुनि अरू द्विज सज्जन। बोले वचन भगत भव भंजन।

(उत्तर 43/1-2)

जौं परलोक इहाँ सुख चहहू। सुनि मम बचन हृदय दृढ़ गहहू।।
सुलभ सुखद 'मारग' यह भाई। भगति मोरि पुरान श्रुति गाई।।

(उत्तर 45-2)

कहहु 'भगति पथ' कवन प्रयासा। जोग, न भख, जप, तप उपवासा।

इस भक्तिपथ में न तो योग है नही यज्ञ, जप, तप, और उपवास ही करने की जरूरत पड़ती है, बड़ी सरल है यह भक्ति गली

सरल सुभाव न मन कुटिलाई।जथा लाभ संतोष सदाई।
मोरदास कहाइ नर आसा । करई तौ कहहु कहा विस्वासा।
बहुत कहउँ का 'कथा' गढ़ाई। एहि आचरन बस्य मैं भाई।

यहां कथा की पूर्णता है - भक्ति प्रथम पथ प्रथम सोपान कांड प्रथम यहां भक्ति के उदर से उत्पन्न भगवान, भगवान सदा भक्ति के प्रेम से ही प्रगट होते है "प्रेम ते प्रगट होहिं मै जाना - शिव वाणी

भगवान - तो फिर भग-वान भी है, जो भग ही तो 84 लाख जोन में बटे है इग्लिस भी 'जोन' का प्रयोग करती जिस जोन क्षेत्र में आप काम करते है।

किसी कवि ने बड़ी अच्छी बात कही है।

भग आया भग जायेगा, भग से बचा न कोय।
भग से जो भगकर बचे, भक्त कहावे सोय।

यहां 'भग' शब्द दो तीन अर्थो में संयोजित है, अर्थ हृदय में अगर साम्प्रतक रूप से बैठ जाये तो हम इस पथ के पथिक बनकर उस महा सच्चिदानंद की अनुभूति प्राप्त कर सकते हैं। पथ पर चलकर हम गिर भी सकते है और चढ़ भी सकते हैं पहुँच भी सकते है ,पथ जड़ है, मूल भी है, जिसको पकड़कर फल भी खा सकते हैं, पर यह भाव जिस किसी को तो भरता किसी किसी को जब मन मे भरत है तो भक्तिभाव का शांत भाव में जन्म हो जाता है।

भक्त बीज पलटे नहीं, रहे भक्त को भक्त।
पाप पुण्य साधक बनें, जोन दयालु आसक्त।।

अब इस मनु - मुनष्य के 84 लाख की प्रथम गली से ही जीव शुरू होते हे कुछेक तो अयोनिज होते है वह जन्म लेकर भी योनिज नहीं होते

पर अन्य सभी तो योनिज ही हैं और अण्डज पिन्डज स्वेतज, जरायुज के नामो से कहे जाते हैं। यह सब आयोनिज के योनिज सहोदर है जिनका जन्म उदर से होता है, उसे भरत कहते है बुदेलखंडी मे अरे भैया पेट लिये है पेट भरे है बहु कें पेट है यहां एक बात बहुत गंभीर हैं कि भले शुकादि मुख से प्रवेश हुये पर जन्म योनिज ही रहा है, योनिज का एक संग जन्म मात्र है और संबंध मैथुन है यह दोनो जन्म है मैथुन द्वारा जन्म पूर्ण योनिज है तथा जो अन्य माध्यम जैसे हनुमान जी - शिवजी द्वारा गुरूमंत्र के बहाने अंजना के कर्णेद्रिय से वीर्य स्थापना कर गर्भ होकर प्रगट होते हैं। यह अयोनिज ही कहे जायेगें इस प्रकार योनिज आयोनिज दो रीतियो में कही जाती है आयोजित 'मनु शतरूपा' के द्वारा योनिज मैथुनी सृष्टि- की गली तैयार होती है जो पूर्ण रूपेण योनिजा मैथुनी है।

पूर्ण आयोनिज एक भूमिजा श्री जानकी जी है जो पूर्ण जड़ भूमि के ब्रह्मांड के 'अंड' से जन्म लेती है। यह बात वैदिक हे जो हमारे शास्त्रों में यज्ञ को कहा गया है कि यज्ञ सारे विश्वों की नाभि है। यज्ञो, विश्वस्य भुवनहयनामि' इस यज्ञ कुंडो में हमारे यहां हमने 9 ही आकार देखे हैं, जिनमें 8 वेदियों (कुंडों में) योनिया बनी होती है बनती है पर जो 9 वी वेदी है जिसे 'योनिकुंड' कहते है उसमें योनि नहीं बनती अर्थात योनि कुंड पूर्ण रूप से अयोनिज है यह बात प्रत्यक्ष है और सच भी है योनि की योनि क्या होगी।

8 जो कुंड है यह प्रकृति 'अष्टधा' प्रकृतौ के गुणो से परिपूर्ण है। इसी सिद्धांत से जो जग मूल है उसका मूल (योनि) क्या होगी अर्थात वही 'श्री' आयोनिज है यहां तक ॐ भी आयोनिज है, अगर यह बात पूर्ण रूप से समझ में न आये तो आप इसे ॐ नमः शिवाय में देख सकते है, जिसमें श्री श्री की वनी भूमि से ॐ निकलता है।

यह दृश्य पूर्ण वैदिक है जिन्होने शास्त्र अध्ययन किये है वैसे भी 'ओम' अउम तीन अक्षर माने जाते है जो दो स्वर हैं एक व्यंजन है अर्थात ओम अक्षरो के भीतर है श्री अक्षरों से बाहर है तभी यह बात सिद्ध है कि 'मातृ भाषा' माता से उत्पन्न है। पिता अक्षर से नहीं 'अक्षर ब्रम्ह है ठीक यही अक्षरों का 'श्री-गणेश' (प्रारंभ) मां 'उमा' उ-मा (उसमॉ) से जन्म लेता है ग गनेश को एक अक्षर है जो मां के मैल से उत्पन्न है

यह मैल अर्थात एक मेल - 'सम्मिश्रण' मिलाप है , मैल ही नही उमा के माँ का मुख खुलते ही 'ग' जन्म लेता है मां का मिलन 'दर्शन' ही अक्षर की उत्पत्ति है अब अगर हम यह सोचे कि सारे अक्षरो की भाष माँ से ही उत्पन्न है तो मां किस अक्षरो से उत्पन्न है तो यही अक्षर समूह मातृ -भाषा है जिसमें 'माता का भाष होता है वह मातृ - भाषा है।

अब हम आगे भी विचार करें मातृभाषा जो है वह बोली जा सकती है, पढ़ी लिखी नहीं जा सकती, उस बोली गई ध्वनि अनहद - आकार पिता से लेती है यही रहस्य है , शिव के त्रिशूल से काटे गये 'गणेश' के शिर का जो शिर गोलोक में जाकर भगवान कृष्ण के मुख में समा जाता है और गणेश बालक की 'सूड़' बन जाती है जो उनकी 'नाक' अब यह सारे अक्षरों की 'नाक' और सारे अक्षरों के लिखे गये वेदो पुराणों को नाक जायेगा और नाक इतना विस्तृत है कि वह नाक, आकाश है अर्थात नाक आकाश का नाम ही मात्र ही नहीं'शब्द का गुण आकाश' अर्थात सारे अक्षर एक 'नाक' आकाश (गणेश) में ही निहित है इसी हेतु में आप 'ग'-गणेश का पढ़ते है, सूड़ का आकार ग की बनावट में है ।

गहाथी को बगल से देखने पर एक पांव और सूड़ दिखने पर यही ग का आकार बना देता है तथा गणेश को भी बगल से देखने पर यही आकार बन जाता है।

यही भाषा का केन्द्र-बिन्दू है। अनेक विषयों के केन्द्र बिन्दु होते है सो केन्द्र बिन्दु है पर बिन्दु का केन्द्र - बिन्दु क्या होगा,हां अगर शून्य होता तो बिन्दु केन्द्र बन जाता क्योंकि वह सून्य 'पोला' है पर बिन्दु ठोस है पूर्णरूप से ठोस है या यो कहो कि जो चारो तरफ से संपूर्ण रूप से ठोस , है वही 'बिन्दू' है फिर यह बिन्दु जो चन्द्र ऊपर है चन्द्र बिन्दुं सो चन्द्र आधे शून्य का आकार है, जिसमें लक्ष्मण ने 'श्री' को सुरक्षित रखा था उसे मानस कहता है श्री दर्शनके रूप से कहा गया है यह श्री सीता हरण कोइ अपहरण नहीं है यह साधक की साधना की पराकाष्ठा का स्वरूप है जिसमें 'उदगीथ' का साक्षात्कार है। यह शून्य के भीतर 'बिन्दु' केवल रावण' नाभि के अनहद अमृत कुंड से देखा जिसे लक्ष-मन के लक्ष्यमन ने घेरे रखा था धन्य री यह श्री उपासना की शून्यता (समाधि) -

(सून्य) सून बीच दसकंधर देखा। आवा निकट जती के वेषा।।

(अरण्यकांड-28/7)

यह शून्य के भीतर बिन्दु (श्री) माँ का देखना एक 'यति' के भेष में ही देखा जा सकता है क्योंकि यति एक स्त्री का पलटा हुआ स्वरूप है, यति-तीय-

हिय तिय तुलसी बचन, बने यति जग मान।
'तिय'पलटे नर यति बने, तय दयालु भगवान।।

यथार्थ में यहां दशकंधर ने लिया को पलटा है और उसी के साथ वह 'यति' बन गया और आज जान गया बिन्दु का केन्द्र बिन्दू है उस बिन्दु को बगल से नहीं उठाया जा सकता जिस प्रकार 'पारद' बिन्दु हाथ से नहीं उठाया जा सकता उठाने पर कई बिन्दुओ में परिवर्तित हो जायेगा यही साधना का रहस्य यही रहस्य जनक ने जाना और उन्होने 'बिन्दु' को स्वर्ण से उठाया 'पारद शिवलिंग 'स्वर्ण को अपने में लीन कर लेता है।

अगर पारद बिन्दु लघु है तो स्वर्ण उसका 'हल' है स्वर्ण के हल से उसे ऊपर निकाला जा सकता है, यही जनक का स्वर्ण 'हल' समाधान है साधना का जिन्होने जमीन से ही बिन्दु 'श्री' को अपने स्वर्ण हल के 'पथ' से निकाला और स्वर्ण हल लकीर के फकीर ने 'सीता' नाम पाया रावण के पास स्वर्ण था पर वह उसे 'हल' नहीं कर पाया हल नहीं बना पाया, पर जनक ने 'हल' बनाकर यज्ञ से वह पथ जान लिया कि धरती से श्री -जी को निकाला जा सकता है , पर रावण उस पथ से न जाकर ऊपर से ऊपर 'नभ' पथ से श्री बिन्दु को पाकर ले जाता ह। जिसे दशकंठ नहीं कह पाता सुकंठ ही कहता है कि श्री नभ पथसे गई। सुकंठ ही दूसरे कंठ की ध्वनि को जान सकता है।

गगन पंथ देखी मैं जाता। परबस परीबहुत बिलपाता।।

(कि. 5/4)

अगर हम विचार कर देखें तो 'जो लोग कहते है "अरे भैया ' धरती मे निगो' आकाश मे न उड़ो तो जनक की गति धरती की थी।

रावण अहंकार में आकाश में उड़ रहा था, धरती वाला पथ भोग योग से संयुत है आकाश के विमान भोग से ही भरे है मारे ऐश्वर्य के उन्हे नीचे दिखता ही नहीं है, संसार में जल धरती ही सबका पेट भरते हैं भोजन देते है।

सो जल के प्राण विष्णु भरत बनकर विश्व का पेट भरते है, भरत भरत है और यह प्रभु नही प्रभु समान है विष्णु के अवतार है योनिज हैं।

बिस्व भरन पोषन कर जोई। ताकर नाम भरत अस होइ।।

(बाल.197/7)

भरत पालक - जो विष्णु का गुण है वही इनका है, शांत भाव का पंथ हे, यह प्रभु के समान -मनु के वरदान में ही हो चुके थे विष्णु ब्रह्मा शिव जो बार बार बाये थे तदर्थ उन्हे भी तीनों भाईयो के रूप में ''राम' साथ रखते हैं, यह अंश है तीनो के तीना मानस कहता है

संभु विरंचि विष्नुभगवाना। उपजहिं जासु अंसतें नाना।।

(बाल. 144/6)

जिस प्रकार विष्णु 'अवध' है उसी प्रकार 'जल' भी अकाट्य है किसी तलवार से उसे काटा नहीं जा सकता है प्रलय में भी 'जल' रहता है।

वस्तु जली सब प्रलय में, जलान जल संसार।

जल जल सृष्टि जल मिली, जल दयालु आगार।

अब यह जन्म 'भगवान के आनंद सिंधु के सीकर बिन्दु बिन्दु के टपके से संसार बना है''

सीकर ते त्रैलोक सुपासी - अब जो गुण ईश के थे वही उसके अंश होते है

ईश्वर अंसजीव अविनाशी। चेतन अमलसहज सुख राशि।

यह द्वितीय 'पथ' गलि की राहसे हमें चलना है , जो अबध है।

अगर परमात्मा 'साकेतधाम' में शाश्वत है तो 'जीव' अबध में अयोध्या पुरी में पुरूष से सगुणित है जो पुरूषोचित लीला से मानव पथों से जीवन के सारी मानवीय गली को सींचता है। चारो भाई बात की पूर्णता कर विश्वविजय श्री को लेकर यौवन में आकरअबध पधारते है पर सभी ग्रामों के भगवासी लोगो को आनंद देते ही आते है।

मार्ग के लोगो को आनंद देना सबकी बात नहीं कितने लोग रास्ते में खड़े रहते है कौन देखता उनकी ओर अधिकारी लोग डंडो से पीट पाटकर भगाते है अरे भाई मंत्री जी आ रहें रास्ता साफ रखो, बड़ी सुन्दर सुन्दर गली सजाई जाती है ,चांदी सोने के जेवरो से सराफ गेट बनाते है, तो कोई जूतों से भी सजाते है ऐसी गलिया को कौन सुधारेगा, पर हम यह भी देखें

कि जिस पथिक के लिये पथ सुन्दर किया जा रहा उसका स्वयं का रास्ता कितना साफ सुधरा है क्या यह उस रास्ते से निकल सकते हैं जिस पर से एक बार निकल आयें हैं।

उस रास्ता का फिर वह पांच साल मुख नहीं 'देखते' पंचायत राज' है पर यहां मानस पथ तो इतना सुन्दर है कि रास्ते के मनुष्य भी भारी सुख मिल रहा है। उसका एक कारण यह है कि 'राजपथ' पर कोई मकान नहीं बने कोई भी मकान मालिको का अतिक्रमण नहीं है। अच्छे भले चैड़े चकरे होने से दोनो तरफ आदमी व्यवस्था से खड़े अब क्या कोई आदमी चैराहो पर खड़ा हो सकता है जगह ही नहीं सड़कों पर रोड पर खड़े आलीसान तिखंडे मकान जहां छतो पर जगह है तनी है ,चांदनी छत पर पर सड़क किनारे खड़े होने जगह नहीं है ,अब इन मारगी लोगो को कौन आनंद देवे।

बीच बीच बर बास करि मग लोगन्ह सुख देत।
अवध समीप पुनीत दिन, पहुॅची आई जनेत।।

(बाल.दो.343)

यहां की सारी गलियां सुगन्धित इत्रों से अर्धो से सींची गई है यह गली जब सुन्दर होगी तभी पथिक गलियारा सुख पूर्वक आ जा सकते हैं। जहां की गलियों पर 'मधु' की चिकनाहट है बड़ी भीड़ है, रिपटकर गिरने वालो की पद इस अरगजा से सिची गली से तो काले विषधर सर्प भी अपना विष त्यागकर रिंगते जाते हैं।

गलीं सकल अरगजाँ सिंचाई। जहॅ तहॅ चैंके चारू पुराई।।

(बाल. 344/5)

अगर हम अपनी अपनी गलिंया इसी प्रकार सुधार कर रखें तो फिर बटोही को सभी प्रकार की सुविधा होगी और साफ सुधरे रास्तों पर बने घरों में फिर लक्ष्मी जी भी पधारने में संकोच नहीं करेंगी सभी लोग अच्छे रास्तो से जाना चाहते हैं ।

जो सीधा हो, गिरने का भय न हो, सुविधा पूर्व पैदल भी जाया जा सके, अब देखिये सुन्दर पथ की अपनी एक विशेषता जहाँ नदियां उत्तर से पूर्व पश्चिम बहती है समुद्र में मिलने दौड़ती है और नदि अपनी रास्ता स्वयं बनाती हे पर अगर पथिक तपस्वी है तो नदी उसके पीछे चलती है

धन्य रे भगीरथ प्रयास जिसने सवा लाख वर्ष तपस्या कर गंगाजी को प्रसन्न किया तथा अपने पीछे गंगाजी को लेकर चले अर्थात गंगा जैसी परम पवित्र 'सुरसरिता' को अपने पथ लेकर चले आ रहे है।

मनुष्य अगर चाहे तो गंगा का भी पद - अपने पथ से चला सकता हे, थल पर जल को अपने ही चाल के मार्ग से चला सकता है हमारी रास्ता साफ है तो देवता भी पीछे लग जाते है देखो न राम के पीछे सभी लगे हैं ।

वन जाने के रास्ते से सब साथ -साथ निग (चल) रहे हैं, पर भगवान यह अपना रास्ता जो दूसरो को दुखदायी हे कोई पुत्र को दूसरा पिता कैकयी जैसी माता बनकर वन के 'पथ' पर न भेज सके सो वह, पथ मिटाकर चलते हैं। जब देखा कि लोग दुःख में भी हमारा रास्ता पकड़े है चल रहे है विरह की प्रेम राह, धन्य रे राम 'श्रुति पथ पालक' जो लोभादि षड रिपुओं के बने रास्ते की खेज ही मिटा देते हैं।

हे सुमंत्र, अवधवासी सभी दुखी हैं सभी ने सुर दुर्लभ भोगो को त्यागकर मेरे रास्ते से आ रहे हैं भगवान करूणा वरूणालय है वह दूसरो की पीड़ देख नहीं पाते।

अपने अपने घरन की, सब काहू खो पीर।
तुम्हे पीर सब घर निकी, धन्य दयालु रघुवीर।।

यह 'पीर' शब्द गंभीर है अगर पीर दुख परयाय है तो स्लाम ने इसे बहुत ऊपर उठा लिया और अपने इष्ट पैगम्बरों को एक नाम 'पीर' ही दे दिया अर्थात भगवान पीड़ा लेते लेते स्वयं पीर बन गये ,यह तो शाश्वत सिद्धांत हैं, जो जिसको पूर्ण जान लेता है वह, वह हो जाता हे पीरों ने संसार की पीड़ा को जाना था सो वह भी पीर बन गये संसार उन्हें पीर कहकर ही पुकारने लगी कितनी अभिन्नता है।

पीर पुकारें पीर में, पीर न जाने कोय।
पीर जान सो पीर भओ, पीर दयालु सोये।।
करूनामय रघुनाथ गोसाई। बेगि पाइअहिं पीर पराई।।
'खोज' मारि रघु हांकहु ताता। आन उपाय बनिहि नहिं बाता।।

(अयोध्या 85/2-8)

काय भैया तुमने तो 'खोज' ही मिटाता खोज रास्ता का वह नाम है जिससे लोग अपनी वस्तु को खोज लेते हैं, पर जो इष्ट के पद चिन्हों

पर चलते हैं उनकी खोज तो स्वयं भगवान करते फिरते हैं, सो भरत जो भगवान की अनुहार है वह तो पीछा नहीं छोड़ेगे उन्हीं के रास्ते से चलेगे?

क्यों भरत और राम को कोई सहसा नहीं जान पाता है जनकपुर जब भरत जी बरात लेकर पहुँचे तो वहां लोग भरत राम की एकता कहते है।।

भरत राम ही की अनुहारी। सहसा लखि न सकहिं नर नारी।

(बालकांड 311/6)

यहां इस अर्धाली में एक बहुत बड़ी बात तो ऊपर ही दिखती है कि राम -भरत एकाएक पहिचान नहीं आ रहे है, भरत जी बिल्कुल राम के ही समान है।

दूसरी एक बात भीतर भी छिपी है उसकी 'गलि' एक गायक पाठक साहित्यकार या कोई बुद्वि जीवी पत्रकार ही जान सकता हैं। जिसे स्वर मात्रा का अच्छा ज्ञान होता है।

अगर हम यहां भरत राम - ही की अनुहारी पढ़े तो क-सुर तो जायेगी सारा स्वर बिगढ़ जायेगा और पद्य से गद्य हो जायेगा अगर हमें अर्धाली का स्वर जहां का तहां रखना है तो हमें रा- मही म का साथ ही के साथ अधिक जोड़ना पड़ेगा रा के साथ अल्प स्वर में, अर्थात एक 'राम' ही है जिनकी उपमा नहीं है दूसरा राम - 'मही' धरती पर भरत है, भरत को विधि निर्मत सृष्टि में है मही में आते है और राम विधि से निर्मित नहीं है। यह बात यहीं जनकपुर की सखी कहती है जिसकी आत्मा ऋषिका है।

कहा एक मैं आजु निहारे। जनु बिरंचि निज हाथ सँवारे।

(बाल. 311/5)

जहां भरत को विधि के निज हाथ का श्रृंगार कहती हैं वहीं राम को विधि निर्मित नहीं कहा जाता।।

एक कहहिं ए सहज सुहाए । आयु प्रगट भए विधि न बनाए।।

(अयोध्या 120/2)

दोनो जगह सखियां ही कहती है। भगवान जंगली - गली से जा रहे है यह 'पगडंडी' ही कही जायेगी जहां बराबरी से नही चला जा सकता एक के पीछे एक ही चलेगा ' सकरी गली हैं जिस गली से भगवान चल रहें वहां गलियों के लोग गली से देख -देखकर अपने ''संसार का 'भव भग' को समाप्त कर रहे है अर्थात 'आवागमन' होकर जीवन मुक्त होते जाते है।

धन्य री यह गली 'जहाँ भवश्रम समाप्त हो रहा है। यह गलियों-गलियों चर्चा हो रही है रामगति की कथा ने विराट रूप ले लिया है और पुण्य अरण्य की गलियों गलियों में पथ कथा छा गई है।

राम लखन पथि कथा सुहाई। रही सकल भग कानन छाई।

एहि विधि रघुकुल कमल रवि, भग लोग ह सुख देत।

जांहि चले देखत विपिन, मिय सौमित्रि समेत।।

(अयो. 122)

यहां तो राम का एक नाम 'बटोही' राही राहगीर ही पड़ गया यह है रास्ता से चलने का परिणाम आज भी रास्तों के नाम पड़ते है जैसे डॉ हरिसिंह गौर मार्ग सागर, गांधी रोड, और भी कई पर कोई व्यक्ति 'मार्ग' कहा जाने लगा यह संभव नहीं हाँ कविता में कवि भले उपनाम 'राही' बटोही रख ले पर ऐसा आदर्श मार्ग जहां मृग-पक्षी 'मगन' हो रहे बटोही राम को देखकर मृग भी 'मगन' क्षण -क्षण में छलांगें मारकर दौड़ने वाला राम को भी छलने वाला आज मगन हो रहा है अपना मग भूल गया 'स्वतंत्रता' की छलागें मारना स्वछंदता भी स्थिर हो गई 'मगन' और यह आज - मग-'न' अर्थात मग-रास्ता ही भूल गया कोई उसका रास्ता नहीं है मगन वही होता है जिसका रास्ता ही न रहे। आगें हम ऐसा वह भी देखेगे जिसकी सारी रास्तायें समाप्त होकर मगन हो गया, वैसे हम आज सरलता कह देते हैं कि भैया हम तो आज 'मगन' हो गये, पर मगन होना बहुत ही कठिन है मगन हम तभी होगें जब हमारे सभी रास्ते हमी में समाधिस्थ हो जायेगें।

खग मृग 'मगन' देखि छवि होहीं। लिए चोरि चित राम बटोही।।

(अयोध्या 123/8)

यहां जो जो पथिक 'राही' राम साही गलि को देखता है अरे आज संसार की संपूर्ण गलियों का निमाता मार्ग दर्शक पथिक बना हे चल रहा है 'मनु स्मृति' की धाराओं पर चरित्र की चार (वेदोंक्त) गलियों पर।

जिन्ह जिन्ह देखे पथिक प्रिय सिय समेत दोउ भाई।

भव मगु अगमु अनंदु तेइ बिनु श्रम रहे सिराई।।

(अयोध्या 123)

यहां तो रामदर्शन से भव मार्ग ही ठंडा पड गया तभी तो विधि से भरत भव अपने से कहते हैं, उनका ठीक है, क्यों कि यह श्रुति पथ की पराकाष्ठा है, पर जो श्रुति पथ -को त्याग वाम पथ चलते है वह बंचक संसार को छल के रास्ते से नष्ट करते है और अपने कुपंथ से वेदों के मार्गो को नष्ट भ्रष्ट करते हैं।

इस प्रकार के सत्संग हीन साधु विमुख परमार्थ पथ से दूर स्वार्थ राही ही संसार के लोगों को कुमार्ग से ले जाते हैं यह बात भरत जी राम के वनवास को लेकर करते हैं कि अगर हमारी राय से राम वनवास गये हैं तो यह सभी पाप मुझे लगे।

जे नहिं साधु संग अनुरागे। परमारथ पथ विमुख अभागे।।
तजि श्रुति पंथुबाम पथ चलहीं। बंचक विरचि वेष जगुछलहीं।
तिन्ह कै मति मोहि संकर देऊ। जननी जौं यहु जानौ भेऊ।।

(अयोध्या 168/5-7-8)

इस के उपरान्त भरत की सोच सहित ग्लानि को वसिष्ठ जी समझाते हैं कि हे भरत तुम या दशरथ जी किसी प्रकार से सोचने योग नहीं हो, तुम सभी सोच को त्याग दो, सोचने लायक तो वह है जिसने मोह के वशीभूत होकर अपने गृहस्थ धर्म कर्म का त्याग कर दिया है और इससे अधिक वह सोचने लायक है जिस यति योगी महात्मा ने अपने वैराग्य -विवेक को छोड़कर संसार के प्रपंच में पड़कर अपनी भक्ति ज्ञान को छोड़ दिया है।

सोचिअ गृही जो मोह बस, करइ करम 'पथ' त्याग।
सोचिअ जती प्रपंच रत विगत विवेक विरागा।

(अयो. 172)

यहां हमें भरत के पथ पर विचार करना है कि वह किस पथ का अनुकरण करते हुये चल रहे हैं, अगर राम ने श्रुति पथ लिया तो भरत श्रुति पथ लोकमत अपना लिया मानस नदी के दो ही किनारे है लोकमत और वेद मत जिन्हें

सरजू नाम सुमंगल मूला। लोक वेदमत मंजुल कूला।

(बाल. 39/12)

इस सिंद्धांत से अगर राम-वेद मत के किनारे को लेकर चलते है तो उसी वेद मत से उत्पन्न लोक मत के किनारे से चल रहे हैं हमारे भरत जी महाराज जिनके बारे में कहा जाता है कि अगर भरत का जन्म न होता तो जड़ को चेतन कौन करता और वह प्रेम गलीं को बताता धन्य है यह प्रेम गलिं के 'संत शिरोमणि सब विधि साधु' जिसकी सराहना देवता भी कर रहे है। जहां दो आंख वाले तो ठीक है हजार नेत्र वालो की भी आखें मुद जाती हैं।

निरखि सिद्ध साधक अनुरागे। सजि सनेह सराहन लागे।।

(अयो. 238/7)

होतन भूतल 'भाउ' भरत को। अचर सचर चर अचर करत को।

जहां सखा निषाद के साथ प्रेम के कारण 'पथ' भूल रहे है वही देवगण फूल बरसाकर बिछाकर मार्ग बनावनाकर बता रहे है रास्ता वह प्रेम गली जो बिल्कुल सकरी है, दो नहीं चल सकते पर भरत लोक मत से 'बरौआ' दादा को साथ लिये चल रहे है जिस गली में दो चल नहीं सकते वहां कर'कर सों जोरे 'पाणिग्रहण' एक होकर चल रहें तो मार्ग तो भूलेगे क्यों एक की जगह दो चलेगे तो 'पथ भूलना सहज हे उसी को देवता बता रहे हैं।

सखहि सनेह बिवस गमभूला। कहि 'सपंथ' सुरबरषहिं फूला।

(अयोध्या 238/6)

इस लोकमत से भरी वेदमत की डगर को देखकर राम जी स्वयं कहते है कि भरत

तात भरत तुम्ह धरम घुरीना। लोक वेद विद प्रेम प्रवीना।।

(अयोध्या 304/8)

इसी साधुवाद से तो भरत पूर्ण संतो के पथ दर्शक है अयोध्या के 14 वर्षीय प्रथम राजा जिन्होने लोकमतरक्षा वेदमत से करके राजा होकर भीसाधु बने रहे जिनके पथ देखकर जनक भी सराहना करते है जिन्हे 'जोगभोग' समान थे, इस प्रकार से भरत सभी तरह से 'साधु' है, और उनका पथ - साधु पथ हे जो मानस का दूसरा पथ सोपना आयोध्या कांड है। जिसमें साधु समाज के सहित प्रयागराज में त्रिवेणी की धार बोलती है, यह त्रिवेणी गंगा-जमना सरस्वती के साथ - भक्तिज्ञान कर्म की धारा

भी जुड़ी है।

रामभक्ति जहाँ सुर सरि धारा। सर सइ ब्रह्म विचार प्रचारा।।
विधि निषेध मय कलि मल हरनी। करम कथा रविनंदनि बरनी।।
तात भरत तुम्ह सब विधि साधू। रामचरन अनुराग अगाधू।।

(अयोध्या 205/7)

दो- दो बेनी बेन कहें, बिना बेन के बेन।
भरत न खाली भरत है, साधु दयालु ऐन।।

कितनी विचित्र बात है जिसका नाम भरत है, पर पूर्ण रूप से खाली है,

हमें कुछ नहीं चाहिए "**अर्थ न धर्म न काम रूचि, गतिन चहूँ निर्वान**" सारे जीवों को यह चारों पदार्थ चाहिए, पर भरत को धर्म, अर्थ, काम तो ठीक ही है ,मोक्ष भी नहीं चाहिए।

न बिल्कुल खाली अर्थात पूर्ण शांत भाव के आचार्य जिसका भाव शांत होगा निश्चित है उसे विषेले जीव भी अपना विष छोड़कर मार्ग बता देगे, उसके मार्ग से हटा जायेगें या अपने कुपंथ का विषत्याग देगें। तभी तो जो मार्ग राम के लिये नहीं मिला वह भरत का हो गया, कठोर भूमि कोमल हो गई और मंगलो का जड़ बन गई।

देखि दसा सुर वरसहिं फूला। भइ मृदु महिं 'मगु' मंगल मूला।
कियें जाहिं छाया जलद सुखद बहइ बर बात।
तस मगु भयउ नराम कहँ जस भा भरतहिं जात ।।

(अयो. 216)

जबकि राम के मार्ग में राम देखकर विषेले जीव अपना विष त्यागते थे ऐसा रास्ते से भी भरत का मार्ग सुखद था।

जिन्हहि निरखि 'मग' सोपिनि वीछी। तजाहिं विषम विषु तामस तीछी।।

इस प्रकार भरत की गली बड़ी सुन्दर है, उनकी करतूति कर्तव्य लोक को एक मर्यादा है उन्होने अपने पिता की आज्ञा नहीं मानी, राम पिता की आज्ञा से वन चले जाते हैं, जबकि भरत को उस अवध का राज्य सम्राट पद मिला, जहां देव भी जन्म लेना चाहते हैं।

धनाध्यक्ष कुबेर की तो बात ही क्या है।

अवध राजु सुर राजु सिहाई। दसरथ धनु सुनि धनदुलजाई।।
तेहिं पुर बसत भरत बिनु रागा। चंचरीक जिमि चंपक बागा।
(अयोध्या 324/6,7)

यह अयोध्या बैकुण्ठ से भी अधिक कही गई है वह भी स्वयं राम ने कही तथा इस अयोध्या में जन्म लेने को इन्द्रादि देव भी ब्रह्मा से कहते हैं, कि हे जगत पिता मेरा भी जन्म अयोध्या में करा दीजिये।

नित 'नव' सुखसुर देखि सिहाही। अवध जन्म जाचहिं विधि पाहीं।
(बाल.360/2)

अब जरा श्री राम के श्री मुख से सुने -

जद्यपि सब बैकुण्ठ बखाना। बेद पुरान विदित जगु जाना।
अवधपुरी सम प्रिय नहिं सोऊ। यह प्रसंग जानइ कोउ कोऊ।।
(उत्तर 4 क/3,4)

अखिल ब्रह्मांड नायक राम को जब अयोध्या बैकुण्ठ से अधिक प्रिय है, हां यह बात अवश्य है कि इस रहस्य को बिरले ही जानते हैं। पर भरत जी की रास्ता इतनी साफ है कि इस परम ऐश्वर्यशाली अयोध्या में नहीं रहतें।

भरत-भरत सब घर भरत, भरत न खाली होय।
भरत अवधि सौ अवध भरी, भरत न दयालु सोय।।
भरत रहनि, समुझनिकरतूती।भगति, विरति, गुन विमल बिभूती।।
(अयोध्या 325/7)

यह भरत पथ और राम पथ को देख देखकर के लोग सराहना करते हैं कि अखिर राम का वन वैराग्य उत्तम है कि भरत राज महलों का तो लोग विचार करके भरत की गलि की प्रसंशा करते है।

लखन राम सिय कानन बसहीं। भरत भवन बसित पतनु कसहीं।
दोउ दिसि समुझि कहत सबलोगू। सब विधि भरत सराहन जोगू।।
(अयोध्या 326/2-3)

यथार्थ में भरत पथ 'सुखवीथि' है, वसुंधरा पर सुधा उतारने वाले भरत एक कितना विचित्र प्रबंध करते है कि जहां दशरथ और राम गद्दी पर बैठे, वहां वह एक 'पांवड़ी' जो लकड़ी बनी होती है, उनको चक्रवर्ती सम्राट के पद पर 'पादुका' बैठालकर राज करवाते है।

यह लोक में एक रास्ता है जो आज तक अन्य कोई नहीं बना सका जहां जिस लोक में भाई-भाई को मरवा कर स्वयं राज सिंहासन लेकर बैठते है जरा देखे अपन सुग्रीव तथा एक विभीषण की नीति को क्या इन्होने अपनी लोक रास्ते की मृत्यू नहीं थी धरम की बात क्या राखी यह कुपंथ है श्रुति पथ का त्याग है, पर भरत

नित पूजत प्रभु पाँवरी, प्रीति न हृदयँ समाति।
भागि भागि आयसु करत, राज काज बहु भांति।।

(अयो.325)

सुर वीथि -

समदम संजम नियम उपासा। नखतभरतहिय विमल अकासा।
धुरव विस्वासु अवधि राकासी। स्वामि सुरति 'सुरवीथि' बिकासी।।

स्वामी श्री राम की स्मृति पर स्मृति और सुरति बहुत फरक है। स्मरण - रह भी सकता हे और कभी कभी विस्मृत भी हो सकता पर सुरति कभी भी विसरती नहीं इसको हम यों भी कह सकते कि जो प्रभु का स्मरण कभी भी विस्मरण नहीं होता न स्मरण करना होता है वही सुरति योग कहा जायेगा जिस प्रकार श्वांस अनवरत अपने गुरू मंत्र को प्राणवायु श्वांस से मिलाने का नाम 'सुरति' है।

यह सुन-वीथी (मार्ग) 9 कहे गये है, नागवीथी, गज,ऐरावत, अर्षभी, गो, जादगव, अज,मृग, वैश्वानरी, अर्थात भरत जी ने 9 मार्गो का पथ अपना किया, जिस पथ को भरत ने अपनाकर संयम धारण किया है उसको देखकर साधु भी सकुचाते हैं।

सुनि ब्रत नेम साधु सकुचाहीं। देखि दसा मुनिराज लजाहीं।
तभी मानस के अयोध्या कांड की फलश्रुति कहती है।
परम पुनीत भरत आचरनू। मधुर मंजुमुद मंगल कानू।।
हरन कठिन कलिकलुष कलेसू। महामोह निसिदलन दिनेसू।

इस प्रकार भरत का जन्म वेदमत को लोकमत में पूर्ण रूपेण स्थापित करने की गली है, जिस गली का वह सभी को चरित्र से उपदेश है, कि जो लोग श्रुति पथ का त्याग कर उलटे सीधे रास्ते से चलते है अपने माता पिता भाईयो की बात नहीं सुनते, साधुओ की सेवा सत्संग नहीं करते यह साधु होने त्यागी हो जाने पर भी बंचकही कहे जायें , सो

भरत ने संपूर्ण शास्त्रों को निचूड़कर कहा है

जेनहिं साधु संग अनुरागे। परमारथ पथ विमुख अभागे।

(अयो. 186/5)

भरत के रास्ते में 'सच्चा अभागी वही है जो परमार्थ से दूर है तथा जिसने श्रुति पथ का त्याग कर दिया वही पूर्ण बंचक है।

यह उपासना का दूसरा भाव 'शांतभाव' है जिसको भरत ने अपने 'चरित्र पथ' से उजागर किया

शांतभाव पथ भरत को, अबध अवध सो होय।
वेद मथन करि लोक गली, निगत दयालु सोय।।

अब हमनें राजकाज के सहित साधु तो देखा जो राजधानी में रहकर नंदी गांव में रहकर पूर्ण साधु भेष में और राजा जनक के भी आगे हो लिये क्योंकि राजा जनक मुकुट लगाकर स्वयं राजा बनकर राज सिंहासन बैठे थे पर परमार्थी भरत भैया की पावडियों को राजगद्दी बैठाले हैं औरउन्ही से पूंछकर राज कार्य एकाध दिन नहीं पूरे 14 वर्ष चलाये हैं।

आज सारा समाज इस भरत पथ का अवलोकन कर लेवे तो यह मध्यावधि के 'चुनाव बंद हो जाये क्योंकि लकड़ी की पादुकाओं से तो कोई चेतन बुद्धिशाली मनुष्य ठीक ही बैठा रह सकता है या यों मानकर किसी भी आदमी को पादुका जैसा बनाकर बैठा लो "पादुकायें आखिर एक 'काष्ठ' ही है यह भरत का पथ आज की सत्ता के लिये परम उपयोगी सिद्ध हो सकता है क्योंकि भरत का आखिर एक 'राजपथ' है।

अब हम इसी राजपथ से 'पुण्यारण्य' यथार्थ में अरण्यकांड एवं किष्किन्धा कांड पुण्य के जंगलवन है जिन में भगवान भ्रमण करते हैं यह केवल लकड़ी के ही जंगल नहीं है क्योंकि मानस के जो चौथे श्लोक में कवि 'कपि की वन्दना की गई है यहां पुण्य वन ही कहा है पर इस पर हमारी दृष्टि ग्यान नयन से ही पड़ सकती है मात्र इन नेत्रों से नही हैं

सप्त प्रबंध सुभग सोपाना। ग्यान नयन निरखत मन माना।

जो यह 'मन मान' नहीं रहा अनेक खोरो खोरो (भिन्न भिन्न गलियों) में भटक रहा हैं दोरो दोरो (घरों घरों में) झांक रहा है -'

'घर घर फिरत विषयरस चाखत, जैसे सूकर ग्राकी।

तो अगर हम यह साथ जो कांड है जिन्हे तुलसी 'सोपाना' कहा है सो-पाना यह कोई साधारण ' साईकल का पाना नहीं है सौ पानो का एक 'पाना' जिससे संसार के अनेक यंत्र मंत्र तंत्रों में लगे नटो को चूड़ियों को खोलने का सामर्थ्य है।

वैसे भी सो छिद्रो का कोई पाना नहीं नहीं होता पर यह सौ पाना है जिस पाना नाम 'सुभग' है सरलता से मिलने वाला कभी जब गैरिज में पाना अधिक होते हैं तो काम सीखने वालों को तुरंत पाना मिल नहीं पाता, नेत्रो से भी दिखता नहीं हैं पर यह 'मानस' प्रबंध का सुमग पाना (सोपाना) ज्ञान नेत्रों सुलभ है, अब देखे कि जो हम जंगल वन मान रहे थे वह पुण्यक्षेत्र है जिसका प्रारंभ गीता भी करती है। धर्मक्षेत्रे, कुरूक्षेत्रे बस यही दोनो क्षेत्र पुण्यारण्य है जहां कवि, बाल्मीकि कपि हनुमान जी घूमते हैं यह अरण्य में पुण्य आज देख रहे हैं जिस वन में जिस वन में बोधमय 'गुरू' के द्वारा शिव की स्वरूप दिखता हैं । यह 29श्लोक जो है इन्ही में 7 ही कांड (सोपान) सात प्रबंध निहित है जिनमें रघपति भक्ति के 7 रूप भरे हैं। वन में - वन में रास्ते सिपाई, को बिना बाचड़ की सहायता से संभव नहीं, इसी अर्थे यह कवि जानकी के वनवास में कपि श्री राम के वन में हमें दर्शन कराते है।

इस आरण्य में जो राजा होकर, साधु होकर प्रवेश करे और फिर साधु उदासीनता की साधना से 14 वर्ष पूर्ण कर राजा बने तो निश्चित 'राम राज्य' की स्थापना होगी ही।

इस तृतीय सोपान का प्रारंभ भी 'धर्मतरू' से होता है और वृक्ष के साथ एक ऐसे पौधे को जोड़ा गया है जो थल में नहीं होता केवल जल में ही होता है सो वन में तलैया तला भी रहती है जिनमें 'कमल' खिले होते हैं,जब पुण्य कावन है तो धर्म के वृक्ष होगे ही।

'मूलं धर्म तरो विंकेव जलधेः पूर्णेन्दुमान्नद दं।
वैराग्याम्बुज भास्करं हध धनध्वान्ता पहंतापहम।।

(अरण्य.)

इसके पूर्व जहां भरत, राम ने 'श्रुतिपथ' वेदमत लोकमत को लेकर चरित्र किये पर यहां वन में 'श्रुति सुधा'' से प्रारंभ हुआ है सच में पुण्य धर्म में ही सुधा है अमृत है, पाप में विष है, चित्रकूट में 'श्रुतिसुधा' का

बहाव है। जहां भगवान ने श्री जी का पुष्पो से श्रृंगार किया वह भी अपने हाथ से फूल चुन चुनकर आभूषण बनाये आदर पूर्वक बनाये, यह श्रृंगार रस की अनूपम झांकी है ।

जो श्रृंगार रस माधूर्र भाव कान्तोपसना का स्वरूप है। यहां सारे ऋषि कान्ता भाव से बिहार में जिनकी संख्या 18108 रही और 'राम रहस' का रहस्य श्रोणी भाव अभिष्वंग से पाया जिसमें 99 1/2 रहस्य हुये आधा शेष बचने पर जयंत के विवधान से 'राधा' एक आधा रहस्य कृष्ण के साथ द्वापर में हुआ।

जहां पर शिव भी गोपी बनकर प्रवेश करते हैं, यह भक्ति का श्रृंगार रस है जिसमें सभी साधकों को अपने भगवान को स्वामी मानकर अपने को 'रामबहुरिया' यही संबंध आनंद सृष्टि का केन्द्र है यह ''जरारू'' अभिष्वंग है जिसका आधार 'शिवपिन्ड' है यह पिन्डी अपनी अपनी 'जोन' के क्रम से आकार प्रकार के रूप से 84 लाख पथो से आनंद के साथ गुजरता रहता है। जो आनंद अदृश्य निराकार है सच्चिदानंद है वह 'शिवाय के सिवाय कहीं भी नमः (झुका नहीं) वह ओ-म को स्वीकार करता है, और 84 लाख गलियों से गुजरता रहता है, कभी मानव रूप में आता है, जिस का स्वरूप भगवान को स्वयं लेकर नर लीला करनी पड़ती है और युग युग में वह अवतार लेता जो एक पथ बनता बनाताहै।

एक बार चुनि कुसुम सुहाए। निजकर भूषन राम बनाए।।

(अरण्य 1/3)

यही श्रृंगार रस की अनुपम झांकी है दाम्पत्य जीवन की एक सुन्दर गली है यह बात हमारी समझ आने पर हम एक अच्छा रास्ता अपना सकते हैं जिसमें स्त्री का सत्कार भाव जिसमें गृहस्थ जीवन बैकुण्ठ बन सकता है।

हमारे सद्गुरू देव जी बड़े भगवान जी हमेशा ही कहते रहते थे, वह हमने अन्य किसी से नहीं सुनी जब भी वह ग्रहस्थ के भोजन करते थे तब कहते थे।

अरे भैया देख तो यह अपनो तुलसानो, यह लरका बिटिया।।
चूले चकिया देवी देवता लरका बिटिया संत।
घर की बाई बने पुजारन, दयालु बनो महंत।।

नाज पुरानो घी नया, और कुलवंती नार।
बैठवे खों तुरंग होय, तो बैकुण्ठ समान।।

यही स्वर्ग की झांकी है जो हमें रास्ता दिखा रहा है जो उपदेश सती अनसुईया श्री जी को देती है।जिसमें तुलसी को आज भी भगवान चाहते हैं और इसी पथ से श्री जी के साथ चल रहे है। जहां एक पति के साथ श्री है वही धरनी भी अपने पति को पहचानकर ऊबड़ खाबड़ अवघाट से सुन्दर पथ दे रही है।

भूमि सोचती है कि जहां राम ने धरती से ही फूल चुनकर एक पत्नी सीता का श्रृंगार किया है, वहां हमारे पास तो अनेक प्रकार के फूल फूल रहे, क्यों न हम उनके पैरो पर बिछायें। जिससे उनके पैरो को चापने का सुख मिलेगा, अर्थात अगर हम अपनी स्त्री जात का स्वागत करने लगें तो हमारे स्वागत में सारी धरती ही आ जायेगी और वह रास्ता-रास्ता स्वागत करने लगेगी।

जब धरती स्वयं स्वागत करने लगेगी तो धरती पर रहने वाले तो स्वमेव चरणों में गिरने लगेगें । जरा विचार करिये रास्ता तो आदमी देता है, बताता है कभी भी क्या रास्ता -रास्ता देती है या रास्ता भी रास्ता बताता, कभी नहीं ,पर एक बात और भी सुन्दर है ,जहां संसार में हम रास्ते भूलते है।

वह रास्ता भी माता पृथ्वी आज प्रसन्न है क्यों अपनी बच्ची का श्रृंगार देखकर सासोजी प्रसन्न होगी ही और वह रास्ता सुन्दर करेगी क्योंकि अगर ससुराल में दामाद द्वारा लड़की प्रसन्न है तो सास को जो खुशी होती उसका वर्णन करना संभव नहीं- यही प्रसन्नता आज पथ बन गया है।

सरिता बन गिरि अवघट घाटा।पति पहिचनि देहिं बर बाटा।।

(अरण्य 7/4)

बड़ी विचित्र बात है एक पति व्रत धारी को यह दूसरी पत्नि कहां से पहिचानती है, अभी इस जन्म में तो कभी अभी तक राम का विवाह हुआ नहीं फिर पति कब बन गये, हां सुन्दर बात हैं यहां कि बिटिया के भी पति और माँ के भी पति पर बात सत्य है।

पृथ्वी को जब भगवान वाराह रूप से ऊपर लाये थे और मगल जन्म हुआ था पृथ्वी के गर्भ से सो आज धरती ने जान लिया कि यह हमारे पति हे मंगल इनका औरस पुत्र है। पूरी पृथ्वी को उबारने वाले उन्हे भी वसुन्धरा श्रेष्ठ पथ दिखला रही है। मार्गो पर पुष्पो को ही बिछा दिया, *यहां पथ दर्शाता है कि धरती अच्छे पथिक को अच्छी रास्ता बना देती है।*

फिर धरती तो अपनी छाती पर सब कुछ ही धरती ही है। इसी के साथ भगवान 'विराध' के आरध्य होगे महान मुनि 'सरभंग' के यहाँ पहुँच कर, जो उनकी रास्ता 'देख रहे थे, जिसे हम आज भी 'बाट देखना' कहते अरे भैया हम कब से तुम्हारी बाट देख रहे है, रास्ता देख रहें है, यह सरभंग भगवान की 'बाट' में रहने के कारण ब्रह्लोक भी नहीं गये।

विचार करिये कहां तो ब्रह्मलोक और एक धरती की रास्ता ब्रह्मलोक से भी 'धरती का पथ' श्रेष्ठ है तब तो मुनि सरमंग ने ब्रह्मलोक जाना पसंद नहीं 'किया' बाट ही देखते' बात गंभीर है, वास्तव में इसी धरती के मार्ग से तो हम ब्रह्लोक जाते हैं तो सभी जगह, पहुचाने वाला एक मार्ग ही तो है, पर विरले लोग हैं जो मार्ग को मां की तरह मान लेते है, मार्ग ही पुण्य लोको का जनक है।

यह मार्ग तो आकाश में भी है जहां कुछ भी नहीं पर मार्ग है और आकाश मार्ग तो इतना सूक्ष्म है कि सूर्य चन्द्र के भीतर से होकर जीव जाता है आगे अपन'जीव मार्ग' पर भी चलेगें। सो सरभंग ने मार्ग को महत्व दिया, ब्रह्लोक नहीं,

जात रहेऊ विरंचि के धामा ....।

चितवत पंथ रहेउ दिन राती। अब प्रभु देखि जुड़ानी छाती।

(अरण्य 8/3)

इस पथ की प्रतिक्षा से यह हुआ कि जहां मुनि को ब्रह्म लोक जाना था वहां बैकुण्ठ चले गये। यहां पथ की विशेषता बहुत ही गंभीरता से कही गई है पर ग्यान नेत्रों से देखने पर जहां सरभंग'पथ' पर दृष्टि रखे थे और पंथ ही देखते थे वह बैकुण्ड पहॅुचे पर इससे बिल्कुल भिन्न रास्ते वाले 'सुतीक्ष्ण' मुनि हैं। जिन्होने 'मग' पर कोई दृष्टि ही नहीं रखी यह ही एक ऐसे मुनि हैं जो 'मग' को पूर्ण तरह से ही भूल गये।

समस्त मार्गो को भूलना ही एक अवधूत परहंस पंथ है यहां स्वाद भी सभी एक हो जाते है जिस प्रकार धर्मराज के यज्ञ में 'सुपच' ने द्रापदी के 56 प्रकार के भोजन को सब मिलाकर ही किया जिस पर द्रोपदी को हॅसी आ गई और यज्ञ सम्पन्नता का शंख बजते बजते बच गया क्योंकि यहां स्वाद समाप्त था मार्ग पूर्ण हो चुका था जो भी पाना था वह पा लिया था । अब भोजन पा लेने क्या भूख थी ही नहीं,जीभ नहीं ,भूख थी, पेट था मात्र अग्नि को स्वाहा देना था। सो यह संत परहंस अपने आप में ही मगन मग-न' रहते जब अपने पथे पथ से पथ मन से मग निकाल जाये, किसी भी मग की जरूरत न हो कि हम इस मार्ग से चलकर स्वर्ग पहुँच जायेंगे, यह मार्ग सुखदाई है यह मार्ग दुखदाई है।

अर्थात हम मार्ग से नीचे उसकी सतह में उसकी जमीन पहुँच जाते हैं, रास्ता का धरातल जमीन है और जमीन छू लेना ही उस विषय की पराकाष्ठा है। जिस प्रकार हर विषय का एक धरातल होता है तो मग - धरातल पहुँचने पर, मग - न होकर वह संत साधक 'मगन' हो जाता है। आज संत सुतीक्ष्ण मन में बैठे भी मग-न होकर 'मगन' हैं। यह बात शिवजी पावर्ती से कहते है।

निर्भर प्रेम 'मगन' मुनि ग्यानी। कहि न जाइ सो दसा भवानी।।

(अर. 10/10)

केवल प्रेम की दशा जो दश है वही यहां प्रत्यक्ष है,

दिसि अरू विदिसि पंथ नहिं सूझा। को मै चलेउॅ कहाँ नहीं बूझा।।

इस प्रेम पंथ में कोई पंथ नहीं होता, न ही कोई 'पथ' अगर पंथ रास्ता तो पंथ संप्रदाय भी कही जाती है, प्रेम स्वयं पंथ पथ और पथिक है।

जिस प्रेम से प्रभु प्रकट होते हैं, प्रभु केवल प्रेम से ही प्रगट होते है, मानस में एक सुतीक्ष्ण ही ऐसे है जिनका न कोई पंथ है न कोई दिश न कोई साधन न साधन का साधकीय मार्ग मगन, इन्होने ने तो अपने कह दिया कि न मुझमें विश्वास है, नहीं मेरे भक्ति, वैराग्यज्ञान सत्संग, योग, जप, यज्ञ, अनुराग, बस केवल भगवान का विरद स्वाभाव, प्रण बान, है।

यथार्थ पूरी मानस में एक सुतीक्ष्ण ही सु-तीक्ष्ण बुद्धि के है, अपने आपको 'सठ' जरूर माना है मानस के सभी लोग भक्त और वैदिक रीति

से 'भक्ति' ही सर्वोपरी है कागभुषुण्डि ने वही 'मांगी' पर यह तो वह भी नहीं मागते जिसने एक महान भक्तो के साधन है।

उन्हे इन्होने नहीं माना 'एक रामकृपा' ही को माना है। यही सत्य है वास्तव में भगवान से उनकी कृपा श्री महारानी है जिसको हम 'श्री' कहते है कृपा का सगुणनाम ही श्री-सीता है जब पथ ही नहीं बचा तो चलना कैसा जिस मग से चलना वही मगन है बैठे हैं मार्ग पर अरे भाई जिस मार्ग पर राम को आना है उस मार्ग पर ही हम बैठ जाए उस मार्ग पर चलने से क्या, अगर हम मार्ग तय करके प्रभु के पास पहुँचना तो कठिन है पर जिस मार्ग पर प्रभु को आना है , वह मार्ग हमें पता लग जाये तो उस मार्ग पर बैठ जाने से ही कल्याण है।

यह बड़ा कठिन है कि प्रभु किस मार्ग से आते है ....

क्योंकि उनके आने की गलिंया अनंत हैं, वह 84 लाख को छोडकर पूर्ण जड़ पत्थर से भी 'नरसिंह' रूप आ सकते हैं जिस पत्थर से कोई आ ही नहीं सकता असंभव ब्रह्म सृष्टि में और हम सब जीव विधि निर्मित है, हाँ भेद यह शरीर विधि निर्मित है ,जीव ब्रह्म निर्मत हैं।

जीव को ब्रह्मा ने नही ब्रह्म ने रचा है इसीलिए राक्षस ब्रह्मा से वर जो मांग पाते है वह ब्रह्मा सृष्टि तक का ही भोग पाते है। ब्रह्म की सृष्टि साकेत धाम तक नहीं और विष्णु की तपस्या कर नहीं सकते सतोगुण का विरोध ही राक्षत्व है वह शरीर को ही जीव मान बैठे है ओर उसे ही अमर करने में मरते रहते है।

तो ब्रह्म जगत 84 लाख योनियों में विभाजित हैं पर जीव सृष्टि तो उससे बाहर है तभी तो शरीर सृष्टि योनिज है पर जगत पिता नाभि से प्रगट होते और यज्ञ ही नाभि है, इस प्रकार शरीर से जीव की सृष्टि में पहुँचना संभव नहीं ,यह जीव अविनाशी है, सदा चेतन है ,सदा पवित्र और नित्य ही सुख राशि आनंद स्वरूप है।

इसी से ब्रह्म कहीं से भी किसी भी रूप की गली से आ सकता है तभी वह 'भगवान' भी है और 'ब्रह्म' भी, इसी कारण से ब्रह्म में श्री एवं जी और बहुवचन नहीं लगता, कभी भी साहित्य में 'श्री ब्रह्म' जी नहीं लिखा जाता नही कभी 'ब्रह्म हैं' लिखा जाता और न ही ब्रह्म में दास लगता हैं 'ब्रह्मदास' और नहीं ब्रह्म में स्वामी लगता है। कोई यही नहीं

कहता की ब्रह्म हमारे स्वामी है, नहीं ब्रह्म को कोई इष्ट ही कहता है, पर भगवान में सभी कुछ लग जाता है, अर्थात अगर हम ऐसा कहें कि भगवान में सब कुछ लग सकता है पर ब्रह्म में कुछ नहीं लग सकता पर यह बात जिसने समझली कि भगवान ब्रह्म इस रास्ते से आ रहा है, तो वही सच्चा सुतीक्ष्ण कहा जायेगा। वह बैंठ गया रास्ते में बड़ी अच्छी युक्ति हैं 'रास्ते में बैठने पर आने वाला व्यक्ति स्वयं उठायेगा कि अरे भाई उठ रास्ते से हमें निकलना है और किसी की गली में बैठे है तो तो वह अवश्य ही उठायेगा देगा। उठवे रास्ते में बैठा है बस कल्याण है ,धन्य रे सुतीक्ष्ण की तीक्ष्ण पथ बुद्धि,

मुनि मग माझ अचल होई बैसा। पुलक सरीर पनसफल जैसा।

(अरण्य 10/15)

तभी तो हम कहते है कि 'रास्ता बताओ और आगे होव।

यह वही पथ है माधूर्य भाव का जहां कन्या की न कोई जाति है न पथ, घर न ही नाम, बस उसका तो सब उसके पति स्वामि के अनुरूपता में ही सब निहित है। तभी तो पाठक की कन्या तिवारी, चतुर्वेदी,त्रिवेदी,द्विवेदी बनकर तथा पार्वती नाम की सीमा बनकर रहना पड़ता है, यही श्रृंगार रस की गलि है जिसमें द्वैत नहीं होता, पाठक की कन्या पाठक होकर नहीं रह सकती तिवारी के घर में,

प्रेम गलिं अति साकरी..................।

इस झांकी के रूप से अरण्य में एक माधूर्य भक्ति का ही सोपान हे जिसमें रघुपति को पति के भाव से अभिमानस किया गया है।

अस अभिमान जाइ जनि मोरे। मैं सेवक रघुपति पतिं मोरे।

यह कांता भाव पुण्यारण्य की झांकी है जहां भगवत भामिनि, रति पति शब्दो के रस को पथ कपर भ्रमण करते है।

प्रेम माधूर्य आरण्य में, कान्ता भाव श्रृंगार।
रतिअंग सब राम संग, दयालु पति निहार।।

इसी दशा में प्रकाश देते हुये राम स्वयं कहते हैं कि लक्ष्मण मुझे ही सब कुछ मानों।

गुरू पितु मातु बंधु पति देवा। सब मोहि कहँ जानै दृढ़ सेवा।

यहाँ इस अर्थाली में गुरू माता पिता देवता, भाई स्वामी तो ठीक है पर 'पति' तो एक अर्थ में ही प्रयोग होता हे अर्थात पति तो केवल स्त्री का ही कहा जाता है। सो यहां 5 भाव संबंध अगर शरीर के हैं तो एक पति भाव जीव भाव से कहा गया है। इसी भेद मे लक्ष्मण 'रति' ही मागते है भरत भी रति मांगते है।

जनम जनम रति राम पद' सो हमें हर जन्म में एक भगवान का 'रतिपद' ही मिले 'रति पद' केवल पत्नि को ही मिलता है, हम लोग सभी विद्वान जानते है कि सभी गोपियां ऋषियों के अवतार थी 'क्यो? ऋषियो को गोपी बननें का और हनुमान जी को चारूशीला' सखी बननी की क्या जरूरत थी।

यही तो रहस्य है यही पुण्य आरण्य है जिसमें रास्ता ढूढना कठिन होता है, संसार भी एक जंगल है जहां शूर्पणखा भी पति भाव लेकर आती शबरी तो मालिनि शब्द ले ही चुकी है। **कह 'रघुपति' सुन भामिनि बाता।मानउँ एक भगति कर नाता।।**

(अरण्य 35/7)

यही रघुपति भामिनि भक्ति नाता शब्द प्रयोग स्पष्ट करते है।

क्योंकि यही भामिनी शब्द जानकी जो को भी आया और सभी को सीता जी ही इष्ट बनकर राम का सानिध्य अभिष्ट कराती हैं। इसी नाते के साथ भगवान यह भी कह देते हैं कि मेरे दर्शन से जीव अपने निज स्वरूप को पा लेता है।

मम दर्शन फलपरम अनूपा। जीव पाव निज सहज सरूपा।।

जीव के साथ जो "पाव' शब्द जुड़ा है वह बहुत ही सुन्दर है, पाव अर्थात जीव एक माप संख्यावाची में पाव है और ईश सेर है अर्थात 1/4 भाग में जीव जन्म लेते हैं।

एक पाद से जीव जब निर्माण हो जाते हैं तो ब्रह्म त्रिपाद तो ही शेष रहेगा इसी योग से जीव ब्रह्म मिलन मे पूर्णता बनती है सहज संघाती है इसी भूमिका को निभाने बलि से ब्रम्ह वामन 3 पग ही भूमि मांगते है चार पग नही है क्योंकि चौथा पद (पाव) हिस्सा तो स्वयं बलि ही है। बलि अपने को नपवाकर पूर्ण हो जाता है तभी तो भगवान वहीं रहकर उसकी रक्षा करते हैं। वनवास के अवसर पर जब जानकी जी साथ चलने

को कहती है तो भगवान उन्हें 'भामिनि' ही कहते हैं अर्थात भक्त और पत्नि में अभेद रूप से अभिष्वंग रखते हैं।

आयसु मोर सासु सेवकाई । सब विधि 'भामिनि' भवन भलाइ।।

(अयो.31/4)

इसी से भगवान परम भक्त नारद जी को मित योग की शिक्षा देते है यह जहां भक्ति में भोग वर्जित है योग में भोग निषेद है वहीं राम याग को भी कहते है, तो भोग केवल कान्ताभाव से ही उपलब्ध हो सकता है ।

अन्य सभी रास्तों में योग है, संयोग है, नियोग का प्रयोग है, पर विरह भोग नहीं और जहां विरह नहीं वहां आनंद ही क्या, विरह का आनंद ही सृष्टि की रचना है।

कान्ताभाव से श्री जी के योग से ही जगत पति के दर्शन नित्य आनंद धाम में प्रवेश होता है श्री जी महारानी ही जीव को रघुपति श्री राम के चरणों उपस्थित करती है तुलसी कबहुँ की अंब मोरि सुध यह विनय - पत्र ही यह रतिभाव स्पष्ट करता है जिसमें योग भोग का संबंध है।

अमित बोध अनीह मित भोगी। सत्य सार कवि कोविद जोगी।।

(अरण्य 45/5)

यह सभी श्रृंगार पथ-गली जो श्रुति पथ का सुधा है उसको करते हुये भगवान राम चित्रकूट में बसते करते रहे जब सभी लोगों जान लिया कि यह तो भगवान है तब वह आगे बढ़ते है किष्किन्धा की ओर......

रघुपति चित्रकूट बसि नाना। चरित किए श्रुति सुधा समाना।

(अरण्य 3/9)

यह तृतीय सोपान माधूर्य भक्ति का पथ बताकर रामजी आगे बढ़ते हैं जहां वह एक सखा भाव पथ का निर्माण करते हुये, भक्ति भाव की रास्ता किसी के कन्धे पर बैठकर ही पहुचेंगे। अब किस कन्धें पर बैठकर चलते हैं, आज भी हम कह उठते हैं काय भैया दूसरों के कंधे पर से काय मार रहे हो,चलो चले किस-कं-धा की बात है वह कन्धे हम देखे, जिस पर अखिल ब्रह्मांड नायक राम तथा समस्त भू मंडल का आधार जिसने अपने शिर पर पृथ्वी रखी है।

वह भी उस कंधे पर बैठ जाता हे अर्थात जो 'शेष' को भी अपने शिर पर बैठा लेता है कितने विशाल कंधे है वह एक ओर हम विचार करें कि

शेष तो शेष रहता है वह किसी भी रीति से किसी से विभाजित नहीं होता न ही वह किसी से भाजित है तथा 'शेष' हमेशा भाग गुणफलों से नीचे रहता है ऐसे नीचे रहने वाले शेष को भी वह, अपने कन्धे पर उठा लेता यह ठीक ही है , क्यों जिसका यह अवतार है उसके सारे शरीर में ही शेष श्रृंगार जनेउ आदि के रूप में पड़े हैं, जहां शेषो का ही श्रृंगार जेवर है, वही एक शेष को कंधे पर बैठाकर क्या वजन होगा। अभी हम पीछे पीछे पथ के तीन भावों से चलकर आये है।

वात्सल्य भाव, बालकांड से, शांत भाव पथ अयोध्या कांड में काताभाव श्रृंगार रस अरण्य कांड और अब हम मित्र पथ से यह जानेगें कि 'सखा' भाव की भक्ति कैसी होती है। अब एक 'ऋषिमूक' पर्वत की ओर बढ़े जहां एक मतंग ऋषि मौन ही तपस्या करते थे ऐसे ऋषिमूक नामी पर्वत तथा जहां के महत्वों में अच्छे अच्छे मुनि भी मौन थे और किष-कीस (बन्दर) कि कीन किया था – दौड़ दौड़कर जहां कीशों ने दौड़ दौड़कर सीता की खोज किया ऐसी किष्किन्धा अरण्य मूक इस पर्वत की एक ओर विशेषता यह है कि जिसको यहां 'सोने पर स्वप्न में सोना दिखाई देता है, उस जागने पर अवश्य ही स्वर्ण प्राप्त हो जाता है।

अब भगवान इसी की ओर पहुॅच रहे हैं, भगवान तो ठीक है आदमी को पहुँचाने वाला एक संबंध है। संबंध होने जाने पर एक गांव लड़की भी मुम्बई पहुँचकर डाकली कहलाने लगती है।

संसार से लेकर परलोक तक एक संबंध ही उद्योग है लोक में भी कोई कहीं जाता है तो आसपास वालों से उसके सम्बन्धियों के पता लिखा के जाता है और अपना यह संबंध पड़ोस के नाते वह वहां सभी सुविधा पा जाता है।

क्योंकि वह संबंधी का संबंध लेकर आया है, संबंध समाज, विधान का प्राण है बिना संबंध के सृष्टि का सृजन संभव नहीं, एक अपरिचित लड़का लड़की 'संबंध'हो जाने पर 'पति पत्नि' बन जाते हैं, संसार में सभी तरफ बन्धन ही बन्धन है एक बन्धन 'कंकन' है तो दूसरी हथकड़ी भी बन्धन है, फैक्चर ही प्लास्टर मियादी बन्धन है, जिस बन्धन से टूटी हड्डी जुड़ जाती है मोच भी एक पट्टी बाँधने पर ठीक हो जाता है अब जरा सोचिये जहाँ टूटी हड्डी मोच अब हड्डी तो निर्जीव है, अपने आप में

पर वह भी जुड़ जाती है फिर चेतन मनुष्य अगर बन्धन संबंध स्वीकार कर लेवे तो जहाँ से वह टूटा है वहां से ही जुड़ जायेगा।

अब केवल बन्धन और संबंध में बहुत अन्तर है क्योंकि बंधन और संबंध एक बारीक भेद है।

संबंध वह है जो 'सम्यक प्रकार से वैदिक रीति संस्कार के रूप से आचार्यो द्वारा बांधा जाता है, जिसमें एक उपचार ऋचाओं के साथ बंधता है .अन्य बन्धन में पद्वति तो है विद्वान है पर संस्कार जन्य की एक रूपता नहीं है।

जिस प्रकार बिना 'बैठाले' ही पलस्टर बांध देने पर हड्डी जुड़ती नहीं जहां जुड़ने पर गांठ आ जाती है 'तो पहिले' हम जो अपने स्थान से इधर-उधर खिसक गया है उसे 'बैठालना' सीखे फिर साक्षी बन्धन बाधे तो टूटी हुई वस्तु जुड़ जावेगी। यह ध्यान रखना है कि यह 'बैठालना' सरल और सबके बस की बात नहीं होती, नीम हकीम खतरे की जान भी हो सकता है।

अब देखे कि यह बैठालना किसको आया तथा दो टूटे हुये आदमो को कैसे जोड़ता है कैसे वह जुड़ते हैं और जुड़ कर एक संबंध से संबंधित हो जाते है एक दूसरे का दुख अपना मान लेते हैं। अब देखिये एक टूटे आदमी हृदय दर्द "मानस की वाणी में जहां उसे सुख की कोई गली ही नहीं दिखाई दे रही है। वृक्षो से सीताजी का पता पूँछते है।

धन्य रे राम चेतन का पता, जड़ से पूछ रहें भगवान जंगल में भूल जाते है तो फिर आदमी कैसे नहीं भूलेगा।

हे खग मृग हेमधुकर श्रेनी। तुम्ह देखी सीता मृगनयनी।
श्रीफल कनक कदलि हरषाहीं। नेकुन संक सकुच मन माहीं।
किमि सहि जात अनख तोहि पाहीं। प्रिया वेगि प्रगटसिकस नाही।
एहि विधि खोजत 'बिलपत' स्वामी। मनहुं महाबिरती अति कामी।

इन अर्धालियों में राम के टूटे हुये हृदय की झांकी देखी जा सकती है। यहां एक राक्षस ने सीताहरण किया है तो विचारे सुग्रीव की स्त्री तो उसी के बड़े भाई ने हरण की है,वह भी बिल्कुल टूटा है, कितना टूटा है कि सारे 14 भुवनो ही फिरा पर कहीं भी बच नहीं पा रहा था,व्याकुल होकर मर रहा था रो रहा था।

रिपु सम मोहि मारेसिं अतिभारी। हरि लीन्हेसि सर्वसु अरूनारी।
ताके भय रघुवीर कृपाला। सकल भुवन मैं फिरेउँ 'बिहाला'।।

(कि.6/182)

यही भी 'बेहाल' होकर फिर रहा है बे-हाल बिना घर दोर का फिर रहा है यहाँ रामजी भी बेघर दोर के जंगल जंगल फिर रहे हैं, उनका भी बुरा हाल है। अब देखो जिसको टूटे हुये को बैठालना आता है वह तुरंत ही अपने कंधे पर 'बैठाल' लेता है।

क्या मजे की बात है यहां संसार में जिसकी हड्डी बैठाली जाती हे उसी की जुड़ती है पर यहां हनुमान जी अपने कंधे पर राम लक्ष्मण को 'बैठाला' और हड्डी जुड़ी सुग्रीव की, बैठाला राम को जुड़ गयी सुग्रीव की रीड़ की हड्डी, कहीं कहीं स्त्री को रीड की हड्डी कहा गया है।

इस हड्डी से ही हम ऊपर नीचे मुड़ पाते है अगर रीड की हड्डी में कोई खराबी आ जाये तो हम बिस्तर पर ही लेटे रहेगें उठने में असमर्थ,हो जायेगे। रीड की हड्डी (स्त्री) हमारे सभी मोड़ है जहां जैसा मोड़े, मोड़ ले, मोड़ दे, रतना ने मोड़ा तुलसी को...... कालीदास को मोड़ा विद्योतमा ने, सूरदास को मोड़ा चिंतामणि ने ,हम तो यह कह सकते है कि आंग्ल साहित्य का यह चिन्तन बहुत ही उपयोगी है जिसने 'स्त्री को रीड' का हड्डी कहा है ,रीड के यह मोड.....

स्त्री के ही सब मोड़ है जरा देखे यह हनुमान की पूँछ 'जिसका रीड से ही सारा संबंध है एक बात और है यह पूंछ हनुमान जी जो शिव अवतार है सो ब्रह्मचारी के साथ जो स्त्री नहीं रह सकती, सो पार्वती पूंछ में रहती है पूँछ बन कर आई है तभी तो बुंदेली मे स्त्री को पूँछ भी कहते हैं।

अब जिसकी लंबी पूँछ है वह दोनो की स्त्रियों को 'पूँछ' कर जानकर मिला सकता है, लंबी पूँछ है ना, देखो देखा हनुमान जी बैठाल रहे हैं, टरी रीड की हड्डी को अपने कंधे पर - संबंध की बातचीत चलाकर

एहि विधि सकल कथा समुझाई। लिए दुऔजन पीठि चढ़ाई।।

(कि. 4/5)

यह यथार्थ में 'स्कन्ध -

जिस पर भगवान बैठकर चल रहे हैं जिस पवन पुत्र ने अपना स्कन्ध राम का पथ बना दिया यही, पथिक जब पथ बन जाता है तभी ज्ञानियों

में बुद्व भी संज्ञा पाता है एक इतिहास साक्षी है ।

इसमें एक दीपकंकर महात्मा थे जो किसी गांव स्वागत में पहुँच रहे थे, एक बालक - पथ बनते हुये देख रहा था, उसने भी सेवको से अपना 'श्रमदान' मांगा और एक दल दल भरा गढ्डा था, जिस पर कोई उपाय नहीं चल रहा था, बालक उस गढ्ढे में पीठ के भर लेट गया ऊपर से भारी कीचड़ तथा सूखी धूल डाल दी महात्मा निकले पीठ पर पैर पड़ गया जड़ में चेतनता का भान हुआ। महात्मा ने बालक को पास बुलाया दया की दृष्टि से देखा और आशीष वचन में कहा, हे साधक, पथिक यह बालक जो मेरी पथ की धूल बन गया था।

यह संसार का मार्ग-दर्शक बनेगा लोग कहते हैं कि हम आपके चरणों की धूल हैं पर कोई बनता नहीं है एक बालक ने साहस किया और यह बालक उस समय के पश्चात फिर 5 लाख वर्ष में गौतम बुद्ध बना।

यह पथ -पथिक का ज्ञान ही आदमी को बुद्ध बना डालता, संतो की चरणों की धूल ही जीव को महान बना देती है, यह बुद्ध होने की साधना है तो जिसने संत- नहीं अनंत को अपनी पीठ पर बैठाला है, वह क्या बनेगा तभी तो लोह पुरूष नहीं 'स्वर्ण पुरूष' और ज्ञानी नहीं ज्ञानियों में अग्रणीय बलवान नहीं अतुल बलधाम इस प्रकार यह 'स्कन्धवाला' हनुमान भगवान का पथ है, वैराग्य है जो दो अनुरागों को मिला रहा है, एक ब्रह्म जीव की मित्रता में साधक बन रहा है, यह शिव अवतार सारे संसार के 'मानो' अभिमानो को हनु-मान बनकर चूर चूर करेगा धन्य रे यह शिवत्व जो जीव की तरफ ब्रह्म को जीव के पास अपने कन्धे पर बैठा कर जाता है और कहता है हे जीव इस ब्रम्ह से कर दोस्ती - मित्रता बनता इनका 'सखा' और करले अपना 'खास' काम, खास-काम सखा ही कर सकता है अर्थात जो सखा है, वही खास है, जो खास है, वही सखा है। आज सुग्रीव को खास ब्रह्म ही मिल गया और उसने अभय दिया।

सखा सोच त्यागहु बल मोरें। सब विधि घटवकाज मैं तोरें।।

यहां मै 'शब्द पूरे प्राणों के साथ उद्घोषित हो रहा है और सखा शब्द प्रयोग भी मित्रता की पराकाष्ठा है, हनुमान जी ने जब दोनो प्रेमियो को दो दुखियों को मित्र बना दिया, उसमें भी अग्नि की साक्षि कर जिस अग्नि में श्री सीता जी भी वास कर रही थी, अग्नि अर्थात अदृश्य में सीता

जी भी साथ है।

तब हनुमंत उभय दिसि की सब कथा सुनाइ।
पावक 'साखी' देइ करि जोरि, प्रीति दृढ़ाई।।
(कि. 4)

अब भगवान अपने सखा के साथ -साथ सूर्य पुत्र अपने अंशी भाई को मित्र पथ का बोध करा रहे है।

यह पथ साख्य भाव का किष्किन्धा कांड है भगवान ने अपने अंश जीव को खासकर सखा ही माना है , साख्य उपदेश यहां भगवान मित्र गुण के साथ कुमित्र कपटी मित्र की करतूत भी दर्शाते है जिसमें साधक सभल कर मित्रता के पथ पर अग्रसर हो, जो मित्र अपने ही मित्र के दुख देखकर दुखी नहीं होता उसे देखना महान पाप है, जिस मित्र के मन मे यह बात नहीं आती कि हमारा दुख तो अगर पहाड़ बराबर है तो रज बराबर है और मित्र का दुख रजकण के समान है तो उसे पहाड़ों के राजा सुमेरू के सदृश्य समझे जाने अगर यह मति-बुदि्ध एक मित्र में नहीं आता तो वह मित्रता करता ही क्यों है?

वह मित्र नहीं खल है मूर्ख है वह व्यर्थ ही मित्रता करने की हठ करता है, मित्र वही जो अपने मित्र को कुपंथ से अलग करके सुपंथ पर लाता है और जो अपने मित्र के गुण तो बखान करता है पर अवगुण छिपा जाता है और दूसरे जो मित्र अपने मित्र को देने लेने में कोइर संकोच नहीं करता निर्भीक होकर अपनी ही गृहस्थी के अनुसार दे देता हैं और अपने बल के अनुसार मित्र को सहयोग करता है इसके साथ ही जो मित्र अपने मित्र के दुख के समय विपत्ति में सौ गुना प्रेम करता है, यही मित्रता के गुण वेद पुराणो के तथा संतो के बताये है।

कुपथ निवारि सुपंथ चलावा। गुन प्रगटै अव गुनन्हि दुरावा।।
(कि.7/4)

शास्त्रों के सहित संसार में दो मित्रतायें बहुचर्चित हैं।

एक यह त्रेता में सुग्रीव की दूसरी द्वापर में सुदामा की दोनो मित्रतायें अजीब है, थोड़ा हम विचार करें, युग के धर्मो पर जहां त्रेता में भगवान स्वयं चलकर सुग्रीव को मित्र बनाकर उसकी सारी समस्यायें सुलझाते है, उसे राज्य पाठ ऐश्वर्य गांव स्त्री देते है, मित्र बनाकर तुरंत सब

सुविधापूर्वक उसके बैरी भाई बालि को मार डालते है।

वह कार्य केवल मित्र को मित्रता बस किया गया उसी मित्र के पीछे कृष्ण अवतार में ब्याध जरा, ब्याध ने बदला लिया और छिपकर बालि की तरह बाण मारा, यह मित्रता निभाने का परिणाम था कि भगवान कृष्ण को पूर्वजन्म का मित्र के सहयोग का दंड एक युग के बाद भोगना पड़ा।

इसके साथ कृष्ण के मित्र सुदामा पूरी जिंदगी भर दरिद्रता का दुख भोगते रहे पर कभी इन्होने सुध नहीं ली क्यों क्या बिचारे मित्र सुदामा की इतनी गलती थी हां विचारे ने थोड़े से चना ब्राह्मण के नाते भूँक में खालिये थे । जिसका दंड कृष्ण भगवान ने उसे पूरे जीवन भर दिया और अंत में विचारा कहीं से 2 मुट्टी चांवल उधार लेकर आया था।

जिसको खाकर ही ऐश्वर्य दिया उस पर भी रूकमणि ने हाथ पकड़ लिया, अगर सुदामा में अवगुण था तो उसे उसी समय भगवान कृष्ण को उस कुपंथ से अलग करना था "कुपथ निवारि सुपंथ चलावा" विचारे मित्र का मजा देखते रहे, दोनो जगह की मित्रता देखी जाये तो त्रेता की मित्रता में, मित्र को कुपंथ से भी बचाने का प्रयास किया गया था और ऐश्वर्य भी पूर्ण रूप से दिया गया पर द्वापर में बिल्कुल भिन्न ही दशा है बहुत ही गंभीरता से सोचना है। अगर हम बिल्कुल पूर्ण विशुद्ध बुद्धि से विचार करें तो राम जी मित्रता पल्ला भारी उतरेगा, राम का आदर्श मर्यादा एक अपनी है उसकी उपमा कहीं किसी भी अवतार में नहीं है।

तभी तो एक बात तुलसीदासजी कहते है वह बिल्कुल वे जोड़ है और बहुत ही निर्भीक है। राम को सर्व श्रेष्ठ स्वामी कहा तथा बिना राम के कोई भवसागर पार नहीं कर सकता यहां सभी देवो ईशों इष्टो को राम में मिला दिया गया है।

तरहिं न बिनु सेयं मम स्वामी। राम नमामि नमामि नमामि।।

(उत्तर.124/7)

कोई भी भक्त साधक बिना मेरे स्वामी की सेवा किये तर नहीं सकता है बहुत ही गंभीर है। यथार्थ राम - आम नहीं, जो आम न हो वही 'राम' है।

वह जो भी पथ चलते हैं वह पूर्ण मर्यादा के साथ निभाते है यहां मित्रता का आदर्श अद्‌वितीय है, यह सखा धर्म हमने सत्य शौचादि अहिंसा धर्म तो जाने पर यह सखा धर्म भी जान लेवें जिसको राम विभीषण को बता रहे हैं।

खल मंडली बसहु दिनु राती। सखा धर्म निबहई केहि भांती।।

अर्थात जो आदमी दुर्जनों के बीच रहता हो उसको धर्म निभाने में बहुत कठिनता होती है, कुंसंग में अपने गुणों में रहने पर ही अपना धर्म बच सकता है, राम अपने सखा के सहयोग में ताल वृक्षो का छेदन अंगूठे से हड्‌डियो को फेक कर मित्र का संदेह दूर करते है। संदेह के साथ ही बालि के प्राण भी देह से अलग करते है यहां भगवान ने अपने मित्र पथ का निर्वाह किया है, भले ही थोड़ा सा कपट करना पड़ा कि वह बालि के सामने नहीं आये। क्योंकि दयालु स्वाभाव है उसके कारण मित्र का कार्य नहीं हो पाता तो दयालु यहां कठोरता ही अपनाये रहे प्रभू राम का स्वभाव वास्तव में विरले ही कोई समझ सकते है क्योंकि वह कुसम से भी अधिक कोमल व बज्र से भी अधिक कठोर बस उनका स्वभाव तो अपने के कार्य के लिये है "राम सदा सेवक रूचि राखी.....।

यहां इस प्रेम पंथ के रूप में मित्र स्नेह पथ का निरूपण रहते हये अन्य कितने पथो पर विचार है। अब देखिये अगर राम ने सुग्रीव को बालि का राज्य धाम घर दे दिया तो तो बालि को अपना निजि धाम दे डालते है। धन्य रे मित्र पथ का श्रुति सुधाक पंथ

राम बालि निज धाम पठावा। नगर लोग सब व्याकुल धावा।

एक को लोक घर दूसरे भाई को पर लोक घर दोनो के घर दोनो जगह अपने घर से घर बना दिये, इसी अवसर पर राम लक्ष्मण को सारे प्रकृति के रूप से चेतन पथ दर्शाते है, वर्षा ऋतु के परिणामों के माध्यम से उपमा से गुण कहते है और प्रकृति पुरूष दोनो को मानकर 'सुपंथ' की चर्चा करते है कि किस प्रकार पाखंड से सदग्रन्थ लोप हो जाते है और फिर सदपथ नहीं दिखाई देता।

अतिवृष्टि के दोष खेत की क्यारी फूट जाती हे और इसी प्रकार स्वतंत्र नारि, भी घर से फूटकर निकल जाती है स्वतंत्र बहने लगती है अगर हम ऐसा कहें कि नारी की स्वतंत्रता ही अवगुणों की खान है

और परतंत्रता ही गुणो का भंडार है आज तक के इतिहास में कोई नारी स्वतंत्रता के आगन में मर्यादा नहीं रख सखी भले वह थोड़ी देर को पराधीनता को दुख मानती है। पर वह सारे संसार के दुखो से बचा लेती है, जरा सोचिये परतंत्रता से नारि कभी भी तलाक की छिकियो पर नहीं चढ़ी, पर उसकी स्वतंत्रता ने उसे दर दर भटकाने का जरिया बना दिया तथा एकानेक बला तो का भी शिकार बन रही है, अगर हम ऐसा कहें कि नारि स्वतंत्रता ही बलात्कार है परतंत्रता ही सतित्व, यहां तुलसी की उपमा किया री बहुत ही चेतन है। यह क्या -आरी, 'थारि'। क्यारि का 'फूटना' आज तो चारो तरफ जाने को भगाने को एक ही शब्द कहा जाता है 'फूटो' अर्थात सुमत में न रहो बस फूटो अब चारो तरफ यारो की क्यारी 'फूट' रही और नारि जगत 'सत्यानाश' हो रहा है इस को जिम्मेदार वह स्वयं है, नारि जन्म जात परतंत्र है जब वह अपना पूरा शरीर ही स्वतंत्रता पूर्वक नहीं खोल सकती तो फिर उस परतंत्र शरीर से स्वतंत्र व्यवहार केसे कर पायेगी, जब शरीर ही स्वतंत्र नहीं तो किया कैसे संभव है पर आज नारि जो जिन अंगो को कैमरा में दिखा रही है वह तो कैमरे - कैमरे कितने मरेगे उस पर वह स्वयं जानती है भार एक काम देव का नाम भी है।

स्तन तन को मारता, स्तन सब तन पाल।
स्तन पाले बाल को, दयालु स कुच संभाल।।
महावृष्टि चलि फूट किआरीं। जिमि सुतंत्र भए बिगरहिं नारीं।।

(कि. 15/7)

यहां जल का व्यर्थ निकल जाना नुकसान है, उसे लोभ के गुण से संग्रह रखना चाहिए हम अपनी संपति जिस प्रकार अत्यंत लोभ से छिपाते है इसी सिद्धांत से युवती को अपनी बहुमूल्य संपत्ति जिससे वह कितने संत, महंत, राजपुरूष, राष्ट्रपति, प्रधानमंत्री को पालती अगर वह पय पान शिशु को न मिले तो क्या होगा तो जरा विचार करिये 'स्तन' नारि की कितनी बड़ी संपत्ति है पर उसे मुफ्त में बेच-बेचकर दीन हो रही है। यह जब दूसरी ओर पथ निर्माण कर रहा है आज आपका 'कुकर' बंध होने पर ही शक्ति उत्पन्न करता है।

अगर उसे उगेर दिया जाये तो 'दुर्घटना' बिना हुये नहीं बचेगी तो जो शक्ति ढ़के रूप में होती है उघरे में नहीं। यह तो स्वयं राम की वाणी है

यहां एक 'पथ' बहुत ही सुन्दर आता है जहां 'अगस्य' उदय होकर पथो का जल सोख लेता है जिससे पथिक को वर्षा काल में भी चलने पर कष्ट नहीं हो पाता, जहां दूसरी तरफ की जड़ मिटने की बात होना थी सो वहा लोभ -संतोष को चूस लेता हे जिस प्रकार लोभ -संग्रह संतोष को मिटा डालता हे यह प्रकृति स्वभाव से पुरूष स्वभाव का चित्रण बहुत ही अनुपम है बाल्मीकि रामायण में भी यह सुन्दरता नहीं आई जो आदिकाव्य है, हाँ थोड़ी सी भागवत जरूर आती है।

दूसरे प्रकार के पथ से 'संतोष' ही लोभ शोक सकता है मिटा सकता है।

गोधन गज बाजिधन, और रतन धन खान।
जब आवे 'संतोष' सब धन धन धूरि समान।

सो जो जीवन लोभ के कीचड़ से 'लतपथ' हो गया था वह अगस्त्य के उदय ज्ञान के प्रकाश से 'संतोष' ने साफ कर दिया और पथ सुगम हो गया इस प्रकार बड़े लोगो की आज्ञा से ही पथ सुलभ सुगम 'सुमग' बन जाता है।

उदित अगस्ति पंथ जल सोषा। जिमि लोभहि सोषइ संतोषा।।

(किष्किन्धा - 16/2)

यहां बात और भी एक गंभीरता लिये है, जो सुग्रीव है उन्होने 'कुपंथ' पर पैर तो रखे पर पथ भ्रष्ट नहीं हुये जैसा बालि हो गया, ऐसा विभीषण भी रावण की पत्नि मंदोदरी को रखकर पथ भ्रष्ट नहीं हुआ क्यों, यहाँ निश्चित कोई गंभीर रहस्य है, जिस पथ के लिये आयर्ष लोग आज्ञा देते है उस पर से गिरने का भय नहीं रहता है, यही सिंद्धात राम जी भरत जी को समझाते है कि हे भरत हम दोनो भाई पिता की आज्ञा को ही लोक वेद की गति मानकर चले जिससे गली से खालें न गिर पायेगे।

पितु आयसु पालिहिं दुहु भाई। लोक वेद भल भूप भलाई।।

(अयो.314/5

गुर पितु मातु स्वामि सिख पाले।चलेंहुं कुमग पग परहिं न खालें।।

(अयो.315/5)

इस प्रकार से अगर हम अपने भगवान से कोई संबंध पक्का कर लेगे तो विधिवत कुसंग कुपंथ के पग चले पर भी पैर खालें नहीं पड़ेगे पथ के

पथ ही रहेगें, भगवान स्वयं कहते हैं जितनी ममता हमें लोक के संबंधो पर रहती है माता, पिता, बन्धु, पुत्र, पत्नि, तन, धन, घर सुहृद मित्र और परिवार को जिस ममत्व से चाहते है ,वही ममता हम राम के संबंध में लगा लेवें तो इन संबंधों में लाभ है उससे कहीं राम के नाते हैं।

बस एक बार भगवान से 'नाता' बन जाय हम भगवान को कुछ भी मानले, अगर कुछ नहीं मान सकते तो बैर का ही संबंध कर ले उस से भी भव तर जायेगा। अभी अपन सखा भाव की बात कर रहे, जो सुग्रीव का था इसी उपरांत दास सेवक का भाव उदय होगा यह किष्किन्धामानस का हृदय है जिसमें सखा भाव प्रधान है।

अब गृह जाउ सखा सब भजहु मोहि दृढ़ नेम।

2

प्रकाशित/अप्रकाशित साहित्य

श्री आनंद कंद दयालु भगवान जी द्वारा रचित ग्रंथों का विवरण

पद्य कृतियाँ

१. प्रेमराह (१२९ पदों का संग्रह)

२. श्री रामलीला (१०० पदों का संग्रह)

३. सुरत भजन योग (९० भजनों का संग्रह)

गद्य कृतियाँ

४. मानस का दाम्पत्य जीवन (१५० पृष्ठ

५. श्री सीता माहात्म्य (१९९ पृष्ठ)

६. तुलसी (८७ पृष्ठ)

७. सुधाचार (८७ पृष्ठ)

८. तिनका (२४० पृष्ठ)

९. मानस में स्वभाव (१७६ पृष्ठ)

१०. यथार्थ दर्शन (पृष्ठ)

११. श्री तत्व दर्शन (१८० पृष्ठ)

१२. श्री यज्ञ पुरुष भगवत (८० पृष्ठ)

१३. श्री सुत (११७ पृष्ठ)

१४. अमर मृत्यु (२२४ पृष्ठ)

१५. कुंभामृत विचार (१९२ पृष्ठ)

प्रकाशित

१६. शिव शतक (१२ पृष्ठ)

१७. श्री दुर्गा शतक (१२ पृष्ठ)

१८. अपवर्ग पथ (१७५ पृष्ठ)

१९. शब्द ब्रह्म का सहज ज्ञान (४० पृष्ठ)

२०. प्रयाग कुंभ स्नान क्यों (६५ पृष्ठ)

२१. श्री देव स्तव आरती (१२ पृष्ठ)

२२. एक सौ आठ दाने की माला क्यों (१८ पृष्ठ)

अप्रकाशित

ग्रंथों का प्रकाशन कराना भी एक श्रेष्ठ यज्ञ कर्म है। जो ग्रंथ प्रकाशित हैं उनके दायित्व भार लेकर जो सज्जन शिक्षा-दान का गौरव प्राप्त करना चाहते हैं वे साकेत धाम से संपर्क कर अपनी ज्ञान-दान की आहुति सम्पन्न कर सकते हैं। जय भगवान जी ।।

धन्यवाद्

“ अध्यक्ष
श्री श्यामसुंदर गुप्ताश्री ”

“कोषाध्यक्ष
उमाशंकर चौरसिया”

“एवं
महामंगल सेवा समिति, साकेत धाम, दमोह, मप्र –
470661”

Printed by Libri Plureos GmbH in Hamburg, Germany